サッカー1対1に勝つ!

動作解析評論家
夏嶋 隆

南雲堂

1対1は、スペースに抜け出すチャンスだ

相手に触れる位置を工夫すると、マークをかわすことができる（→108ページ）

接触プレーは、フィジカルでなく技術の勝負

相手の力を逆に利用し、2回タッチで並走に競り勝つ
(→98ページ)

接触プレーの強さは体幹と無関係

接触時、足の向きを意識付ける練習で
当たりに強くなれる（→79ページ）

走りも技術。身体に低負担のスタートを身につける

① スタート

② 1歩目は身体の幅より外側に踏み出す

③ 4歩目まで意識的に外側に着く

④ その後は、足幅を骨盤（股関節）の幅にして走る

体力消耗が防げ、足やひざのケガ防止にもなる（→54ページ）

シュートは骨盤をゴールに正対させない

○
ゴール方向
骨盤を正面に向けずにキック

×
蹴る前から骨盤が正面を向いてしまっている

骨盤を正面に向けると狙った所に飛ばない。
「骨盤残し」で高精度シュート（→88ページ）

高く跳ぶジャンプは「タンタン」のリズムで

足の裏全体で「ダーン」と踏み切るのではなく、
かかと→親指の２拍で踏み切る（→74ページ）

守備時の身体の向きを考え直す

ボールを奪いたいと思うディフェンダーの多くが、無意識にゴールを背にして正対する体勢になってしまう

半身になり手と足で2方向からプレッシャーを掛け続ければ、ボールが奪いやすくなる

サイドなどゴールから遠い場合、
半身（横向き）の方が対応しやすい（→118ページ）

CONTENTS

序

1対1は技術である

パワーとスピード以外で勝つサッカー

はじめに

個の力が重視される時代
1対1に勝つ力が求められ始めた

近年、サッカーにおいてどうしたらチームが強くなるかという議論の中で、個の力という言葉がクローズアップされることが増えてきました。

個の力——。言葉では簡単ですが、そういわれてもボールテクニックなのか、スピードなのか、接触時の強さなのか……。考えてみるとものすごく広い範囲の要素を含んだ言葉です。

本書では、少し絞り込んで、サッカーにおいて重要な個の力とは「1対1に勝つ力」と位置づけてみます。1対1はサッカーにおける最小単位。海外では、試合中の1対1の場面をカウントして集計し、選手の評価基準のひとつとしているメディアもあります。

11人の選手それぞれが1対1で勝る確率を上げていけば、それが勝てるチーム全体の力の向上になるはずです。

スピードとパワーは一騎打ちの大きなアドバンテージだが……

サッカーにおいて、個と個の対決で勝つための要素を考えてみましょう。最初に思いつくのがスピードです。よーいドンでスタートして確実に相手より前に出る速さを持っていれば、1対1の勝負では圧倒的に有利でしょう。

もうひとつはパワーです。サッカーは接触プレーが許されていますから、相手のチャレンジに負けないパワーで相手を弾き飛ばしてしまえばコンタクトプレーで優位に立つことができます（もちろんルールの許容する範囲内で）。

また、跳躍力もパワーの一種です。相手より強い筋力で高く跳ぶことができれば、空中戦の1対1を制すことができます。

例えば日本のチームがアフリカ勢などと対戦して敗れたとき、「フィジカルが違うから……」というような評論を耳にすることがあります。ここでいう「フィジカル」は、パワーやスピードとほぼ同義なのでしょう。

自分と相手のフィジカル（＝パワーやスピード）に差があるとき、1対1では勝ち目がないから2対1、3対2などグループによるコンビプレーを使い、1対1をできるだけ避けようというのは一つの作戦です。でも、過去何10年間にわたって日本が世界への挑戦を繰り返す中で、世界と戦うためにはグループでのプレーも大事だけれど、やはり、それだけでは足りない。攻撃なら1対1でかわすことができる、守備側なら1対1で抜かれない「個の力」のある選手を育てることが大事だという結論になってきたのです。

イニエスタが1対1に勝てる理由

ではこの1対1という局面を考えたとき、フィジカルの強さ、パワーとスピードだけを求めていくことがサッカーなのでしょうか。単純なパワーやスピードは、鍛えたり伸ばすといっても、そう簡単にいくわけではありません。個人差による限界もあります。

そこで、ひとつの象徴的な存在なのが、昨年、Jリーグのヴィッセル神戸に移籍してファンを沸かせているアンドレス・イニエスタ選手です。彼は身長１７１㎝、体重68kg。決してフィジカルに恵まれているとはいえない体格です。見ていると、フリーでボールを受け、相手ディフェンダーに寄せられる前にパスを出す司令塔的なプレーが中心ではあるのですが、折を見て密集地帯に入っていってパスを受け、自分より大きなディフェンダーとの1対1をすり抜けるように決定的なチャンスを演出する場面も目立ちます。パワーもスピードも突出していないのに、なぜ1対1で相手をかわすことができるのか――。

そこには、何らかの技術があるはずです。技術といっても、ボールコントロールやフェイントといったサッカーでよく語られる部分だけ見ていてもいけません。パワーやスピードに頼らず1対1に勝つための方法。どういった動作によってそれが成功しているのか。それを解析し、選手たちが実際にプレーできるように還元するのが私の目指すところであり、役割なのだと考えています。

第1章

セオリーの壁を打ち破る

常識を疑え――サッカーと体幹

体幹が強い＝接触に強い？

いつの頃からか、サッカーの現場で「体幹」という言葉が当たり前のように飛び交うようになりました。

よく耳にするのが、

「あいつは競り合いで押されても負けない。体幹が強いな」

「ちょっとした当たりで吹っ飛ばされるなあ。体幹を鍛えなさい」

というような会話です。

では、本当に体幹の筋力の大小が接触プレーの押され強さに影響するのでしょうか。私は、そうは考えません。サッカーにおける接触の強さと体幹の筋力の強さは、まったく別の要素なのです。

次のページの写真を見てください。ショルダーチャージで当たる練習をしている場面ですが、この身体の使い方だと、片方の選手が高確率で当たり勝つことができ

どちらの選手が当たりに強い？

足先が外を向いている方が横からの当たりに強い

ます。どちらが勝つかわかるでしょうか。

正解は向かって左の濃色ユニフォームの選手です。注目してほしいポイントは接地している外側の足の向きです。左の選手は足先を外側に向けているのに対し、右側の選手は足先が正面を向いています。人間の身体の構造上、押された反対方向に足先を向けていると、より大きな力に耐えることができるのです。足先が正面を向いている右の選手は、押され負けてバランスを崩してしまうことになるでしょう。

つまり、このような押し合いでの強さは、力が加わった瞬間にきちんと足先を外側に向けることができるかという技術の差なのです。体幹の筋肉はほとんど関係ありません。これは、別の形の接触プレーでも同様です。例えば、相手を背負ったポストプレーでディフェンダーに背後から押されてもものともせずボールを受けることができるフォワードは、体幹が強いからではなく、その場面に適した競り合いの技術を発揮しているから当たり負けないのです。

当たり負けすることが悩みなのであれば、体幹の筋力トレーニングに時間を使うよりも、このような競り合いの技術に目を向け、身につけることが大事だと私は考えています。

走るより速い移動法がある

サッカーという競技にとって、「走り」は切っても切れない関係にあります。もちろん、速く走れる方が有利ですから、「なんとか足が速くならないか」と思いながら日々の練習に取り組んでいるプレーヤーも多いと思います。

そんな大事な「走り」なのですが、みなさんは、サッカーにおける走り方を監督やコーチから教えてもらったことはあるでしょうか。ほとんどの人がないのではないかと思います。

実は、一口に走り方といっても、一つではありません。３ｍ先にいるボール保持者に詰め寄るときと、20ｍ先のオープンスペースに飛び出すときでは、速く走りたいといってもベストな走り方、身体の使い方は異なるのです。

私の行なっているトレーニングに、4・6m走というものがあります。スタートラインから4・6m先にゴールラインを引き、できるだけ早くそこまで移動してくださいという競争です。サッカーにおいて数mダッシュの速さというのは、ボールカットにしてもプレッシングにしても、大事な要素です。

この競争を初めてやる選手は、ほぼ全員が陸上のスタンディングスタートのような構えからスタートし、一生懸命走ってゴールラインを走り抜けていきます。タイムを計ると、大人の速い選手で1・1秒程度。1秒を切ることができる選手は滅多にいません。

超短距離ダッシュは「跳んだ」方が速い

しかし、考え方を変え、ある方法を使うことで、この4・6mをもっと短時間で移動することができます。それは、走らずに「跳ぶ」のです。具体的な跳び方は第2章で説明していきますが、正しい身体の使い方で跳んだ場合、0・6秒程度で4・

超短距離ダッシュは走るより跳ぶ方が速い

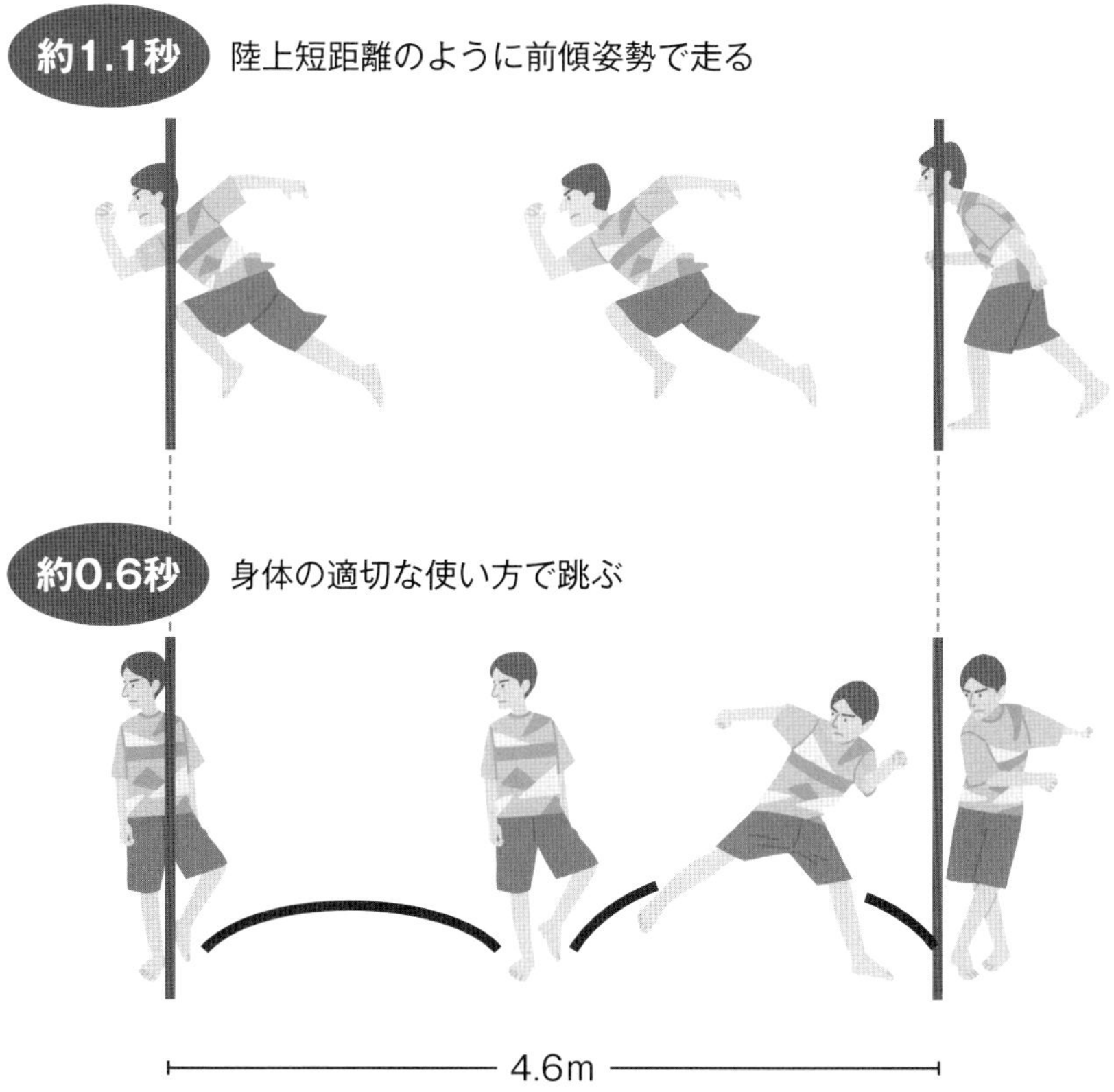

6m先まで移動することができます。人体の構造上、超短距離の移動は走るより跳んだ方が速いのです。

私が教えている選手に地元の中学生がいます。跳ぶ移動法をマスターしている彼は、この4・6mの移動では大人の選手より速いタイムを出すことができます。身長150㎝程度の小さな子なのに、調整などで訪れたJリーグ選手と競争をしても負けません。

また、実際の試合でのプレーを考えた場合、移動したら停止し、また次の動きへ切り替えなければなりません。短い距離なのに陸上競技100m走のように前傾姿勢でシャカリキに走ってしまうと、こんどは減速、停止に時間がかかります。この点に関しても、超短距離では跳ぶ移動の方が有利なのです。

さらに、前傾姿勢での全力ダッシュと急停止は、脚への負担が大きく、何度も繰り返すことでケガの原因にもなります。人体の構造に沿い、状況に最適な移動法を身につけることができると、速さだけでなくケガ防止にもなるのです。

さて、走るよりも速く、身体の負担も小さい移動法が見つかりました。それでもあなたは、いままで通り試合中に「走り」ますか?

相手のプレーを読むな

「相手がどちらに蹴るか、読み通りだった」。

試合後のインタビューなどでよく聞くフレーズです。

スポーツではよく、『読み』という言葉が使われます。対人スポーツにおいて、この『読み＝予測』は不可欠なものですし、ゲームのおもしろさのひとつでもあるでしょう。しかし、日本のサッカーのトレーニングを見ていると、少しばかり『読み』に頼るプレーや練習をしすぎなのではないかと思うことがあります。

よく見かける例がゴールキーパー練習です。コーチが近距離からボールを蹴り、ゴールキーパーがそれをセービングするというもの。この練習は、シュートに対する対応を鍛えるという意味では疑問を感じます。ゴールキーパー担当のコーチはたいてい1人でしょうから、毎日毎日繰り返す練習の中で無意識にコーチの蹴り方のクセを見つけ、どこに蹴るのかゴールキーパーが『読む』ようになってしまうのです。これでは、試合に必要な素早い対応力を磨くことはできません。

『読み』とは、相手が次にどうするのか頭で考え、予測したプレーに対してこち

個の力を上げるには先を読まず反応力を磨く

どこに蹴ってくるのかを予測せず、いかに速く反応できるかを鍛える練習をするべき

らが先を打って準備するということです。では、『読み』の反対語はなんでしょうか。それは『反応』です。実際に相手が動いてから、それを見てできるだけ素早くそれに対処することです。

予測はせず『反応』を磨く

私は対人プレーの練習をやっている選手に、「読んではダメ。反応しろ」と声をかけることがよくあります。例えばゴールキーパーにしてもディフェンダーにしても1対1の守備のとき、相手の次の動きを予測し、それが的中すればいいのですが、外れたらあっさり抜かれてしまいます。試合中だったら、それで失点です。また、選手本人は「予測している」「読んでいる」と言うかもしれませんが、実際は『勘』であったり、当てずっぽうのヤマを掛けているだけということもあります。

サッカーの個人能力を高めたいのなら、まずは予測をせず、反応力を磨くことがベースとなるべきです。読む力よりも反応する力を高めること――それが本書のテーマである1対1に強くなることに結びつくのです。

「スペースを使うな」「フリーになるな」

「スペースを使え‼」

試合中、あるいはゲーム形式の練習のさなか、監督やコーチからのそんな指示の声を耳にすることがあります。

チームごとに作戦や戦術がありますからゲームの進め方はさまざまでしょう。しかし、個人としての選手を見ていると、「サッカーではどんなときでもスペースを使うのがいいことだ」、あるいは「スペースを探して使わなければならない」と思い込んでいる人が多すぎるのではないかと感じています。

サッカーは得点を取るゲームです。ゲームの中でゴール前のシュートにつながるプレーを研究してみると、実は、スペースでパスを受けない方が効果的であることが多いのです。なぜかというと、サッカーは対人競技であり、1対1の局面が軸となるからです。スペースのない（自分をマークするディフェンダーがそばにいる）状況でも、ボールを受けながら、あるいは受けてからディフェンダーを置き去りにできればより大きなチャンスになります。

スペースへ走り込むな

ゴール前での２対２練習

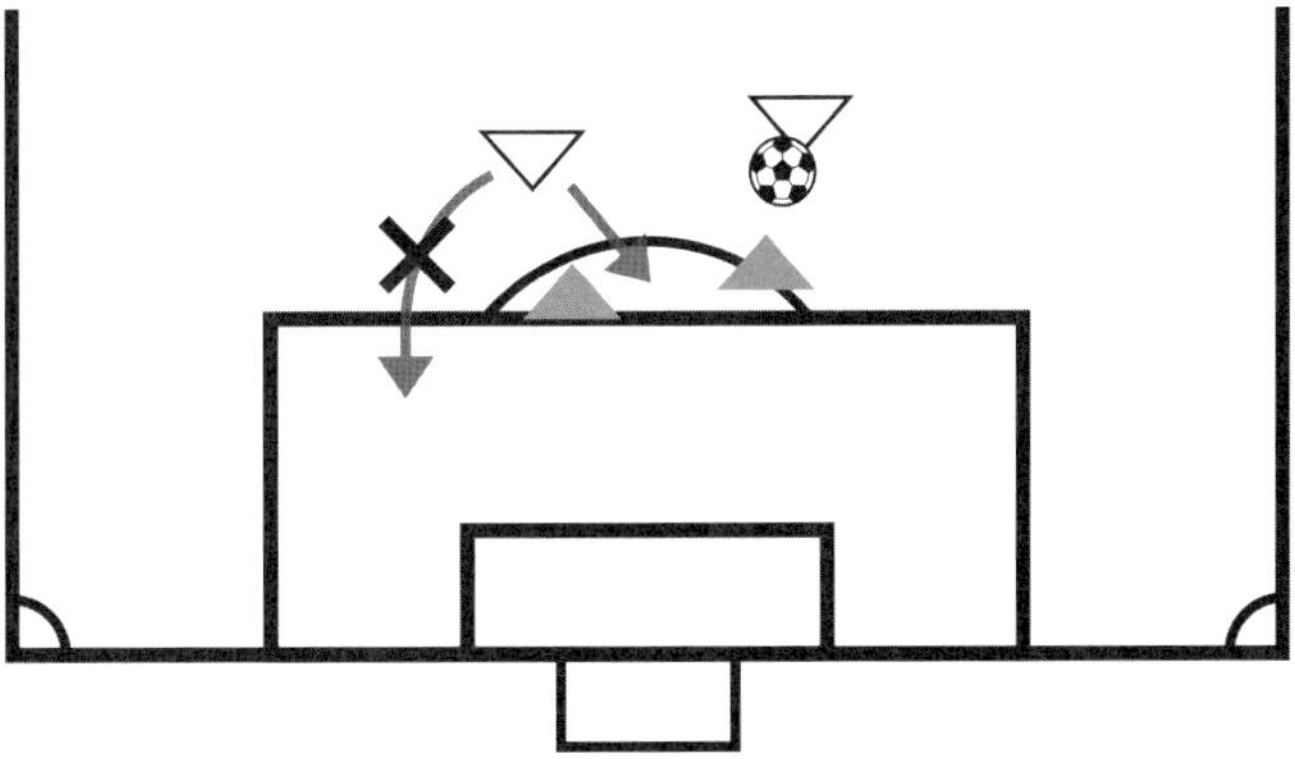

シュートを意識して2人で崩す場合、
スペースでフリーになりたがるとチャンスは生まれない。

逆に、まずスペースへ動くことばかり意識すると、攻撃に時間がかかり、ボールを持っていても効果的にチャンスへつなげられなくなってしまいます。

背が高くて空中戦が圧倒的で、脚でのシュートも抜群の決定力を誇るフォワードがいるのなら、ひたすらスペースを使ってアウトサイドに展開し、クロスボールを放り込み続けても点は取れるかもしれません。しかし、実際の公式戦でそんなミスマッチな試合となることは滅多にないでしょう。

スペースのない状況がより大きなチャンスを生む

私は、シュートまでを意識したトレーニングとして、ゴール前での2対2練習が攻撃の基本単位になると考えています。

攻撃側のうち、ボールを持っている選手はドリブルやキープとパスの判断、持っていない方はどこにどう動くかのポジション取り、それら瞬間瞬間の判断とコンビネーションの連続でゴール前10数mからシュートまで持って行くトレーニングです。

この練習をやっているとき、私がよくかける言葉が

「フリーになるな」

です。

この2対2のとき、攻撃側のボールを持っていない選手がフリーになりたがることがあるのです。ディフェンダーから離れ、フリースペースでボールを受けたくなるのでしょう。

「それがサッカーのセオリーだよ」と思う人も多いかもしれません。しかし、ゴールという目的があるときは必ずしもそうではないのです。それではボール保持者が

セオリー通りのポジショニングは常に正しい？

ゴールに背を向け、ボールとゴールの間にポジションを取るセオリー通りの守備。しかし、状況によってはもっと効果的なアプローチがある

孤立して最終的にボールを失ってしまったり、ボール回しはできてもシュートを打つ場面にたどりつけないか、打てても簡単にディフェンダーにブロックされたりという結果になります。

ゴールを意識した2対2の練習で攻撃側のボールを持っていない選手は、ディフェンダーから逃げてはダメなのです。ときにはボール保持者とディフェンダー間に入り込んだりして助けに行き、相手の邪魔をしたりもすれば、ボール保持者の選択肢は大きく広がります。そうやってスペースのない状況からディフェンダーを置き去りにしてこそ、フリーでシュートを打てる大きなチャンスが生まれるのです。サッカーにおいて1対1の対人技術を磨く必要性はここにあります。

ゴールに背を向けて守る習性を捨てる

同様のポジショニングに対する思い込みは、守備についてもあります。それは「ゴールとボールの間にポジショニングしろ」というものです。その結果、ディフェンダーはみんな、ゴールに背を向けた体勢で守備をするようになっています。

これはゾーンディフェンスのセオリーが強く影響しているのでしょう。直接ゴールを狙われる位置など、この体勢とポジションが適している場合もあります。しかし、ライン際、あるいはペナルティエリアまで距離のある状況でも、何も考えずにこれをやるのはベストな対応とはいえません。

ディフェンスの目的が相手のボールを奪うことであるなら、そこから逆算すればもっと適したポジショニングや身体の向き、アプローチの仕方があるのです（詳しくは第3章で紹介）。

このように、サッカーであたかも『常識』や『セオリー』とされていることの中にも、動作解析などを用いて実際に研究してみると、もっと良いやり方が存在することがわかってきました。自分がプレー中に実行している常識が本当に意味のあるものなのか――。ときには疑ってみることも必要です。

あなたがワンランク上のプレーヤーを目指しているのなら、セオリーの壁を破らなければならないのです。

人生を、僕は、救われた

久保竜彦（元日本代表）

鳥のように天を舞い、ヒョウのようにしなやかに、
ライオンのように相手を破壊し、一時は代表のエースに。
しかしケガによって力は失われ、精神的にも追い詰められた。
人生を投げかけた男を救ったのは、夏嶋隆という男の存在だった。

足の指なんて、関係ないと思った

――横浜F・マリノス（以下、横浜FM）時代に腰痛が顕著になったわけですよね。

ひざも腰も、なんですけどね。ただ腰は（骨を）コキコキとならしてもらったら、痛みがスーッと収まった。痺れもとれていたんです。でも、痛みは完全にはとれなくて、またぶり返していたんです。

――なるほど。

サンフレッチェ広島（以下、広島）から横浜FMに移籍して優勝して、ACLにも出て。日本代表でも、それまでは試合に出ていなかったんだけど、あの頃から試合にも出始めた。だけど横浜FMの2年目くらいからひざも腰も痛くて、にっちもさっちもいかなくなった。そのとき、横浜FMのフィジカルコーチを務めていた（池田）誠剛さんに夏嶋先生のところへ連れて行ってもらったんです。

――それが最初の出会いだったんですね。

そうです。あのときは腰がとにかく痛かったんだけど、先生にコキコキとやってもらったら、めっちゃ楽になった。これで動けるようになると思ったら、先生が「足の指がおかしい」と言い始めた。

——腰が痛かったのに指なんて、と普通は思いますよね。

そうなんです。先生は「この指を治さないと、ずっと（腰痛が）繰り返すばかりだよ」とおっしゃっていたんですよ。「指がおかしいからひざもねじれるし、骨もねじれている。全ての要因は指のねじれなんだ」と。でも、まだ当時は26歳くらいで一番（サッカー選手として）いい頃だったし、誰の話も聞かないときだった。だから先生の話にも聞く耳をもたない。「指なんか関係あるか」と思っていた。他の人からは「筋肉が足りないから、筋力が弱いから痛くなる」という話を聞いていたし、そちらに説得力を感じたんです。先生からは「指を治さないと、絶対に後悔する」と言われたんですけどね。

——でも、指の大切さを言われても、すぐには理解できない。

あのときはそうでした。実際に指を触ってもらったとき、本当に痛かったんです。痛すぎて思わず「やめてください」と言ってしまった。本格的に（指の治療を）やると、次の日のトレーニングができなくなる。それほどの痛みだったんです。誠剛さんも自分の様子を見て「タツがそう言うのなら」と言ってくれた。なので、腰だけの治療にしてもらったんですよ。半年間くらい、試合前に先生に来てもらって、腰を治療してもらう。そうすれば、試合はできる。でもやがて、その効果も続かなくなるんです。

――やはり、根本が治っていないから。

そうなんですよ。ただ、本格的に指の治療をし始めたとしても、治るのには1～2年はかかる。そうなると、ワールドカップにも間に合わないのではないか。そういう恐怖心はありました。実際、違和感は広島時代からあったんです。でも、テーピングをギュッとすれば、いけた。あのときは、「骨がズレている」とか「指がねじれている」とかは、言われていなかった。（痛み止めの）薬を飲んで痛みがなくなればやれる。まあ若さもあったし、骨のズレもたいしたことはなかったんでしょうね。

劇的な先生との再会

最初に先生のところに誠剛さんと行ったときに、指をグリッとしてもらったら本当に痛くて、腫れて。靴が入らないくらいだったんですよ。だからアイシングもするんですけど、先生には「表面をアイシングしても温めても、本質的には意味がない。（骨を）動かさないと治らないよ」って言われた。「温めるなら、身体の中から温めないと」とも。そのときは「何を言っているんだ」くらいの感覚だった。だから指の治療はしなかったし、いつしか先生のところにも行かなくなったんです。でも結局は痛みも消えないし、最後には痛み止めの注射も効かなくなった。結局は「手術しかない」とも言われたり。

——2006年のワールドカップには間に合わず、07年に横浜FCに移籍しましたね。

はい。そのときのシーズン中、国際Aマッチデーによるリーグ中断を利用して、横浜FCが御殿場でミニキャンプをはったんですよ。実はそのとき、先生の存在を忘れていたんです（苦笑）。でも、俺が別メニュー調整を続けていたとき、先生の姿が見えた。それが再会です。

——どんな会話をかわしたんですか？

「どうや、調子は」と言われて、正直に「もう痛くて、サッカーをやめないといけないかなって思っています」と言ったんです。「そうか。でも、言った通りだったろう」って言われた。そして「俺のところに来ないか。もう一回、やってみんか。痛いけどな」って言われたんです。そのときの俺は、もう失うものがなかった。痛みで試合にも出られないし、本気でサッカーをやめないといけないと思っていた時期。だから先生に「お願いします」と。

――劇的な再会ですね。

でもあのときは、治るって本気で信じていたわけではなかった。でも、もう後がない。とにかく、やってみよう、と。朝・昼・晩、ずっとやってもらった。本当に痛くて、ウギャーッて叫んでしまう。足もやっぱり腫れる。でも、そこからなんですよ。ずっと続けて、2～3週間たったとき、何回足の指を曲げられても、腫れなくなる。屈伸をやってみても、何かが違う。以前なら腰をかばうような姿勢になって、フニャフニャってなるんだけど。少しずつだけどスムーズになった。そこから、楽しくなってきた。いままでなら痛く

てできない動作も、できるようになってきたから。

——やはり、時間が必要なんですね。

そうです。実際に、ほんの少ししか変わらないんです。痛むときもすぐに悪くなったわけではなく、時間をかけて骨がゆがんでいった。だから治すときも時間がかかる。少しずつ少しずつ骨を動かすことで、できなかったことができるようになっていく。しっくりときていなかったことが、スムーズになっていく。そういうことは、後になって気づくんですよね。先生の言われていたことが正しいっていうことも。

正面よりも角度をつけて

——さて、この書籍のテーマは「1対1」なんですが、FWとして重視していたことは？

先生も言っていたのですが、「角度」ですね。

——角度？

そうです。正面からまっすぐ行って、点を取るのは意外と難しい。ゴールできるコースが狭いんです。でも、ペナルティエリア角のところから侵入していくと、相手は崩れやすいんです。ゴールできる角度も幅広くなる。そういうことを先生とビデオで話しながら、こういう位置取りから攻めていけば点になるねってことを、教えてもらった。確かにその通りで、先生に言われるまでは気づいていなかった。真正面からの1対1を決めるのは難しいなっていつも感じてはいたけれど、その理由はわからなかった。ただ、角度をつけて入っていくと、楽にゴールを陥れることができる。

——具体的に説明してもらえますか？

正面から行くと、GKに距離を詰められれば当然、シュートコースは狭くなる。（シュートを）浮かすか股の間か。だけどドリブルしながら浮かして決めるのは、なかなか難しい。股の間は相手も警戒している。だけど、角度をつけると詰められてもまだ逆サイドにスキがあるんです。余裕も出てくるから浮かしても決められる。足の動かし方も斜めから入る方がスムーズなんてす。それが人間の基本的な動きなんじゃないですか。トラップにしても、パターンをつくりやすいし、動きも速くなる。まっすぐ、正面から向かうと難しい動きも、斜めからだとパッと反応できるから。GKに詰められたとしても逆サイドに巻けばいいし、ボールを持ちだして相手を動かすこともやりやすい。

――確かに。

本当の技術を持っているFWでないと、真っ正面からフェイントを使ってGKを抜いてシュートを決めるのも難しい。

――例えば誰ですか?

ストイコビッチですね。ピクシーは、生で見た中でも本当に上手かった。

――なるほど。

あと、日本人で言えば(佐藤)寿人のバランス感覚は抜群でしたね。広島に復帰(08年)したときは先生に教えてもらったことがわかり始めた頃だったから、なおさら寿人の上手さが理解できた。あいつが点を取れるのも当然だな、と。

正直、自分はDFやGKを全てかわしきってシュートを打つということは、できなかったんです。ただ、一瞬のスピードで前に出て、相手に「やばい」と思わせながら身体を引いて、股下を狙ってシュートするってことは、1対1では狙っていた。それも、先生から教えてもらったことです。

――なるほど。

普通にボールを運んでそのままシュートしても、相手とのタイミングが合ってしまう。だから、まず自分からＤＦにひっついていく。そうなると、ゴチャゴチャってなるじゃないですか。そこで少し、隙間ができるんです。

――確かに。

相手にくっつかれても、背中につかれても、一度身体を逃がしてやると、相手もついてくる。そこでできた隙間を狙ってシュートを打つ。自分から一度、身体をわざとくっつかせて、離れて、シュート。そのトレーニングをやってみたらって、先生に言われたんですよ。俺はスピードで相手を抜いてシュートを打ちたいタイプだったから、その発想は新鮮でした。

実際にやってみたら、シュートが相手の足に当たらないんですよね。スピードで抜こうとすると相手に最後の空間で詰められてブロックされる。でも、一度身体を当ててたら、空間がそこで消えるから相手は詰められない。足も出しにくい。だから、ＤＦに対して一度、ドン

とやればいいんです。そういう動きも、寿人は上手かった。小さいけれど、シュートの振りも速かったから。

野性から学ぶ身体の使い方

——参考にした選手は？

クローゼですね。ドイツのストライカーで、めっちゃ点を取っていたじゃないですか。先生にも、彼のビデオを見せられていた。当時はもう30歳を超えていたし、全部はできない。だけど「こういう感覚なのか」という実感はありましたね。実戦の舞台で成功したなという手応えは何回かしかなかったけれど、でも若くていい選手なら、きっとやれるんです。しっかりと教えれば。

バランスのとり方、足のかかり方、シュートの形や、そのときの腕の形。GKやDFと競り合うとき、どこにどう触っているか。そういうのを映像で（先生に）見せてもらうんです。サッカーだけでなく、例えば綱引き大会のおばちゃんの映像で、足が地面をしっかりと掴んでいる人と空間に浮いている人の違いを見せてもらう。マサイ族のジャンプの映像を見て「あんなに痩せてヒョロヒョロの足なのに、どうして高く跳べるのか」とか。「最後の足先をピューンと伸ばさないと、できないんや」って教えてくれて。

動物にしても、チーターのスピードは地面を蹴った後、最後の足の伸ばし方に秘密がある、とか。そういうのを教えてもらいつつ、トレーニングするんです。例えばジャンプをずっと続けるトレーニングがあるんだけど、最初は１００回も続けて飛べば、足がパンパンに腫れていた。でも、（足の指を）曲げるのと一緒にずっとやっていたら、１時間くらいは飛び続けても平気になったんです。足がつりそうになるって言うと「それでいい。どんどんつれ」と（笑）。

――どれくらい、トレーニングをやるんですか？

「何セットくらいやればいいんですか」って聞くと「そんなの、知るか」って（笑）。朝８時からずっとやって、12時に休憩。そこからまた、ずっとやる。やれるまで、続ける。「もう無理です」と言うとテーピングをギュッと。そうなると、筋肉がつってくるんだけど「それでいい。ずっとやっとけ」って。

――えーっ。

休憩時間もつりっぱなしなんだけど「それだけ筋肉が収縮しているってことなんだから」って言われるんです。

あるビデオを見せてもらったことがあるんですよ。それは、手を失った人が足の指を手のかわりにする過程の映像だった。もちろん、最初は足の指なんて曲がらない。だけど、ギュッと曲げられ続けると、いつしか手の指のように、自在に動くようになったんです。足の指でご飯を食べられるようになり、シャンプーだって足の指でできる。手の指のような動きをするんですよ。もちろん、時間が1年くらいかかったって言っていましたが、本当にすごかった。

イライラしなくなった

――いま、痛みは？

まったくないです。昔は椅子に座ることすら、無理だった。立つのもしんどいし、歯を磨いて水を吐くことも（腰が）きつい。ちょっとでも動かすとズキッとくる。「こういうことをやったらダメ」とメモしていたほどでした。だから、いまの状態が本当に嬉しい。

――よかった。

いま思えば、誠剛さんが命の恩人です。夏嶋先生を紹介して頂いたことが。もし、先生と出会わずにやっていたら、いま頃はロクでもない人間になっていた。痛みを抱えていることで精神的にも不安定になり、イライラしながら生きていた。実際、嫁にもつらく当たっていたし、あのままの状況が続いていたらとゾッとします。

――痛みって、それが存在するだけでストレスがたまってしまうから。

嫁にしても、当時は俺がまだ選手だったから、耐えられたのかもしれないですね。もし、何もできずに、稼ぎもなく、痛みでイライラしたままだったら、絶対に嫌になる。

――食生活については？

先生が言っていたのは、とにかく塩をとりすぎているってこと。特に質の悪い塩を。例えば、原始的な生活をしている人々は、動物の血を飲んで塩分をとるんです。その一方で、食べ物には塩分を追加していない。だから、動けるんです。質の悪い塩を身体の中に入れすぎると、身体が疲れやすくなったり、集中が保てなくなる。でもいまは、何にでも塩が入っていますからね。全てを避けるのは難しい。だから、相当に意識を高くしないといけない。でも、（減塩生活は）メッシもやっているらしいし、ワールドカップにも行った名木利幸さん（国際副審）も、塩を抜く生活で（コンディションが）すごく良くなったって聞いています。

――それにしても、夏嶋先生との出会いは神様からのプレゼント。

あれだけイライラしていたのが、これほど気持ちよくなった。走りも昔は嫌だったのに、気持ちよく身体を動かせる。もっと気持ちよくなりたいから、なるかなって思うから、いまも走ることを続けているんです。現在、俺は山口県光市にいて、農業や大工仕事なども経験し、いずれは目の前の牛島という小さな島に移住して自然と共に暮らしたいという希望をもっていますが、そういう自分のやりたいことや楽しいことに気付けるようになったのも、誠剛さんに先生を紹介してもらったから。

いま、テニスをやっている自分の娘（久保杏夏・テニスの年代別日本代表）も先生の元に行ってますが、すっかり懐いているようで（笑）。先生は自由な性格で徹底して身体のことばかりを考える職人のような、めっちゃおもしろい人なんだけど、娘もその先生とのやりとりが楽しいみたいです。

久保竜彦プロフィール

1976年6月18日生、福岡県出身。幼い頃は野球をやっていたが、小学4年でサッカーを始める。筑陽学園高卒業後の95年にサンフレッチェ広島加入。98年、高い身体能力を活かした豪快なシュートを武器にリーグ12得点を決めてブレーク。03年に移籍した横浜F・マリノスでは16得点を挙げて優勝の原動力となり、ベストイレブンにも選出された。日本代表には98年から選ばれ、06年W杯予選などで活躍。横浜FC、ツエーゲン金沢、廿日市FCなどを経て15年現役引退。J1通算276試合94得点、日本代表32試合11得点。

第2章

1対1に強くなる技術

基礎編

1対1に強くなる技術 基礎編1

走る（スタート）

効率良く、低負担に

サッカーにおいて走ることは、とても大きな要素です。

「もっと速く走りたい」

そう思う選手は多いでしょう。もちろん、スポーツですから速く走ることは大事なのですが、走り方、走る技術という面から見ると、ほかにも気をつけなければならないことがあります。それは、走る際の加速と減速は、脚に大きな負担がかかるということです。

サッカーは90分間走り続ける競技ですから、1試合で何10回もダッシュのスタートを切らなければなりません。脚に負担がかかるような走り方をしていたら、自分

走る──速く、低負担なスタート

① スタート

② 1歩目は身体の幅より外側に踏み出す

③ 4歩目まで意識的に外側に着く

④ その後は、足幅を骨盤（股関節）の幅にして走る

で自分の脚を痛めつけているようなものです。そして、それはひざや足首、腰の痛みとなって現れてきます。サッカー選手でひざや足首、腰に持病のある人は、ほとんどの場合、走り方に問題があるのです。キックオフ直後は問題なくても、試合中に全力ダッシュを繰り返すうちに痛みが出てきて、試合後半にはパフォーマンスが落ちてしまうというケースもあるでしょう。

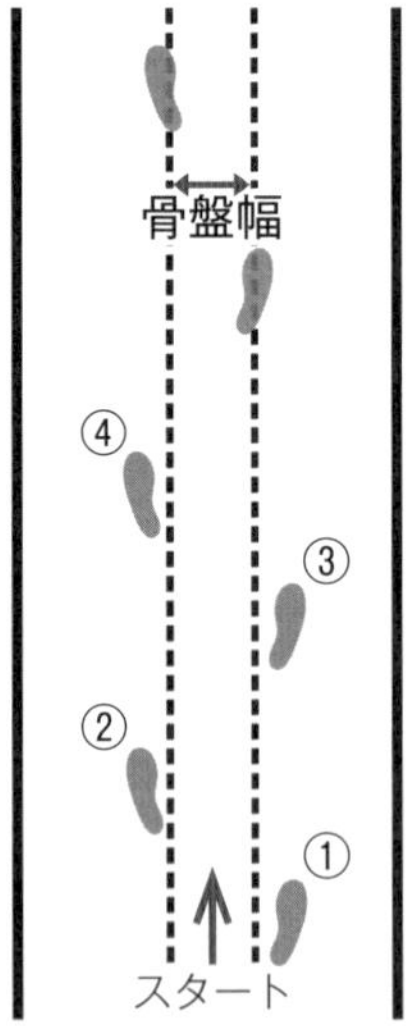

スタートから最初の４歩は身体の幅の外側に着く。その後は骨盤幅で足を運ぶ

高効率で負担の少ないダッシュは、スタートから4歩（左右2歩ずつ）を身体の幅より外側に着くことが大事です。そして、両足の幅が骨盤（股関節）の幅を保ったまま走るのです。足跡は、右足は右足、左足は左足で2本の線を描いていきます。ところが、へその真ん前にスタートの第1歩目を着き、そのまま両足の跡が1本線を描くように走って行く選手がとても多いのです。そうすると、正面から見たときに足が傾いて小指側に大きな力がかかります。サッカーにおけるケガで第5中足骨（小指の骨）を痛める例は多いのですが、多くはこの走り方をしています。

脚への負担が少ない走り方は、筋肉の生み出すパワーを高効率で使える走り方でもあります。ケガ防止のためにも、速く走るためにも、ダッシュのスタートは足を外側に着くこと、骨盤幅で走ることを身につけてください。

悪いスタート

第１歩目を身体の幅の内側に
着くのはNG

足跡が一直線に近い走り方は、ひざや足首の負担
となり、小指も痛めやすい

1対1に強くなる技術 基礎編2

走る（加速〜中間走）

敵を置き去りにする加速力を身につけろ

2018年ワールドカップ・ロシア大会決勝ラウンド1回戦、日本－ベルギー戦を覚えているでしょうか。

後半アディショナルタイムに日本のコーナーキックからベルギーのカウンターを食らい、決勝点を奪われてしまった場面です。あのとき、ベルギーのゴール前でゴールキーパーからボールを受け、追いすがる日本選手をまったく寄せ付けないスピードで50m近くドリブルしてゴールの起点となったMFケヴィン・デ・ブライネの走りがサッカーにおける加速〜中間走のお手本なのです。

ポイントは、スタートから加速体勢に入ったら、2つの形を意識することです。

加速段階の走り方

加速体勢に入る

かかとを尻に付ける
イメージでしっかり
引き上げる

大腿骨が地面と平行になるよう引き上げる

ひとつは、かかとを尻に付けるイメージでしっかりと引きつけること。もうひとつは、前側に来た脚の大腿骨が地面と平行になるよう腿上げをすることです。腿が上がっていなければ加速力が生み出せませんし、逆に上がりすぎてもロスになります。地面と平行がベストなのです。

ヨーロッパや南米の試合を見ていて、ロングスプリントで「こいつ速いな」と思わせられる選手の映像を見直してみると、たいていこの2つの形ができています。速く走ることも、やはり技術なのです。

この2つの形、文字で説明してしまえばシンプルなのですが、実際に全力疾走しながらやってみると、自分ではやっているつもりでもなかなか簡単にはいきません。誰かにチェックしてもらったり、ビデオ撮影などで確認しながら練習しましょう。これがきちんとできた瞬間、後ろから押されているかのような加速力が感じられるはずです。

１対１に強くなる技術　基礎編３

走る（減速）

加速－中間走－減速と３つに分ける

サッカーの走りが陸上競技などと違うところは、走って終わりではなく、その先に別の目的があることです。

ボールを蹴ったり、相手にコンタクトしたりするためには、減速しなければなりません。スムーズに、身体の負担を小さく減速するためにも、走り始めた段階でどこまで走るのかを計算していることが大事です。そして、行程を加速、中間走、減速の３つに分けて走るのです。

目的地の３分の２まで来たら、減速を意識しますが、いきなり脚を止めるのではなく、まず腕を振るのをやめます。そうするともう加速しないので中間走の前傾姿

距離を計算して走る

目標距離の3分の2を超えたら腕を振らない。
中間走の前傾姿勢からスムーズに減速体勢へ移れる

勢から徐々に直立した体勢に移ることができます。前傾姿勢のまま急停止しようとすると、脚への負担が大きいだけでなく、重心が大きく動いて次の動きにも機敏に移行できないのです。

1対1に強くなる技術　基礎編4

短距離ダッシュ

4・6m以内は跳ぶ

第1章で触れた通り、人間の身体の構造上、4・6m以内の短距離移動は前傾姿勢になってしゃかりきに「走る」よりも、「跳ぶ」方が速く移動できます。

サッカーでは、守備でボールを持っている相手に詰め寄ったり、こぼれ球を拾うためにアプローチするときなど、この4・6m以内の短距離移動がとても多く求められます。前にも書いたように「走る」場合、4・6mの移動に1・1秒程度かかります。それに対し、この「跳ぶ」移動を身につけると、0・6秒くらいまで縮めることが可能です。

目の前に来るまで1・1秒以上と思っていた敵が0・6秒で現れる――。トップア

跳ぶ移動法

軸足の先を進行方向からできるだけ外側に向ける

前傾姿勢にならないため頭の動きが小さく重心移動も少ない。跳んだ足はかかとからでなくつま先で着地

軸足を進行方向に対して外側に向ける
（できれば直角～130度）

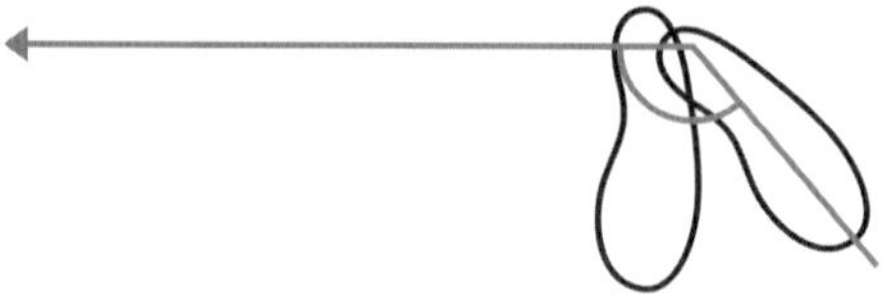

軸足を引き寄せる。
足先は進行方向直角以上

短距離を高速に動ける

軸足を引き寄せる。足先はできるだけ進行方向に対して外側に向ける

必要距離まで繰り返し跳ぶ

引き寄せた軸足は足首を伸ばしつま先を下に向けた形に

スリートでも視覚からの刺激に反応して身体を動かし始めるのに0・3秒程度を要し、アマチュアだともっと遅くなりますから、この1・1秒と0・6秒の差は数字以上に大きなものです。アプローチされる敵の側からしてみると、ものすごく圧力を感じ、ボールロスト等のミスを誘発されることになるでしょう。

短距離を素早く動ける跳ぶ移動法

①　軸足を進行方向直角以上（P64　写真A）

身体の正面を進行方向へ向けず、横向きのまま進みます。最初のポイントは、軸足（写真では左足）の先をできるだけ外側に向けること（できれば進行方向に対して直角～１３０度）。これが効率よく脚の筋力を推進力へと変えられる足の形で、大きな負荷のかかる静止からの初動でも身体への負担が少なくなります。

②　着地は足指から（P64　写真B）

右足を振り出してジャンプします。このとき着地は足指から着地するようにします。かかとから着いていると足首やひざの負担が大きく、故障へとつながります。

③　軸足を引き寄せる（P65　写真C・E）

右足が着地したら左足を引き寄せますが、左足は足首を伸ばし、足先を進行方向と逆に向けた形にします。

④　必要な距離まで繰り返す（Ｐ65　写真Ｄ）

そこから２～３歩、小幅でステップしてタイミングを測り（すぐ連続でジャンプしてもかまいません）、同じようにジャンプします。

身体を進行方向正面に向けて前傾姿勢でダッシュすると、重心移動が大きく、遅いだけでなく足腰への負担も大きい

サッカーで大事なのは、自分がこれから移動する距離が４・６ｍより短いのか長いのか見極めることです。そして、瞬時に跳ぶべきか走るべきか判断し、適切な移動の仕方を選ぶのです。

1対1に強くなる技術 基礎編5

方向転換のステップ

タタンと跳んで切り返す

サッカーの走りが陸上競技の走りと違うのは、停止や方向転換が頻繁にあることです。

中でも大きな差が出るのが、方向転換や切り返しです。例えば、ディフェンダーのプレッシング。ボール保持者に向かってまっすぐ走って行ったのに近くの選手にショートパスを出されてしまい、すぐに方向を変えて新たな敵に向かってダッシュするとき。あるいは攻撃側でドリブルするとき。相手ディフェンダーが近寄ってきたので切り返して逆方向へ行きたいときも切り返しが必要になってきます。

見ていて多いのが、1本の足で停止、再スタート、(ドリブルの場合なら)ボールタッチを全部やろうとする選手です。右利きの選手が右前方向にドリブルしていて切り返すとき、まず右足で踏ん張って止まり、その右足で地面を蹴って逆方向への推進力を生み出し、さらに右足でボールを触ろうとします。それでは時間のロスになり、相手としても狙い頃のタイミングになってしまうのです。それだけでなく、右足に負担がかかりますから何度も繰り返すうちに脚に疲労が蓄積して終盤に走れなくなる原因にもなります。さらに、長期的には足首やひざ、腰の故障の原因にもなるのです。

ウォームアップにも取り入れる

速く、しかも脚への負担が少ない切り返しは、切り返したい位置で踏ん張るのではなく「タタン」のリズムでジャンプするのです。

①　切り返したいポイントめがけ、進行方向側の脚（写真では左足）をジャンプさせます（「タ」タン）（P70　写真F）

「タタン」とジャンプで

後ろ側の足を引き寄せるようにジャンプ
タ「タ」ン

切り返し地点へ向け大きめにジャンプ
「タ」タン

切り返しは

すぐに外側の足でその場ジャンプ
しながら方向転換へ
タタ「ン」

切り返し完了

②　続けて後ろ側の脚（写真では右足）を引き寄せるようにジャンプ（タ「タ」ン）（P70　写真H）

③　すぐにその場で左足をステップさせ、反対方向への動きに移ります（タタ「ン」）（P71　写真I）

人間は、頭が身体の幅から大きくはみ出すような動作をすると、重心が大きく動いて素早い動作ができないだけでなく、踏ん張った脚のひざや足首に大きな負担がかかります。この「タタン」のリズムで方向転換すれば、勢いでつんのめるようなこともなく、素早く、負担の少ない切り返しができるのです。

私の指導するチームでは、ウォームアップとして2人（または3人）でパス交換している真ん中に選手を入れ、このステップでボールを追わせる練習をよくやっています。これは、いわゆる「鳥かご」と呼ばれる3対1や4対2のボール回しと形は似ていますが、あくまでもステップや切り返しの練習と確認であって、ボールカットを狙う必要はありません。

ウォームアップを兼ね、２対１でボールを追ってステップの練習

1対1に強くなる技術　基礎編6

高さを出すジャンプ

かかと→親指と2拍で踏み切る

空中戦における1対1の強さといえば、相手より高くジャンプできる跳躍力も大事な要素です。

おそらく、サッカーをやっている選手で具体的に身体をどう動かしたら高くジャンプできるかを意識して跳んでいる選手はそんなに多くはないと思います。例えば、同じくらいの身長・筋力のバレーボール選手とサッカー選手を連れてきてジャンプ競争させてみると、ほとんどの場合、バレーボール選手の方が高く跳びます。それは、バレーボール選手が高く跳ぶための跳び方を習得しているからです。

つまり、「走り」に速くて負担の少ない走り方の技術があるように、ジャンプもまたひとつの技術であるということです。空中戦に強くなりたいと願ってジャンプの練習を繰り返してみたり、脚の筋肉を鍛えている選手もいると思いますが、なんとなく自己流でやっていても大きな効果はありません。人体の構造に沿った正しく効率の良いジャンプを覚えることが大事なのです。

ひざの角度は110度

高く飛びたいときのジャンプは、踏み切り足を「タンタン」というリズムで2拍で踏み切ること、そして、踏み切る瞬間のひざの角度を110度にするのがポイントです。

① まず、踏み切り足のかかとから着く（「タン」タン。1拍目）（P76 写真K）

② 次に足の親指を着いて踏み切る（タン「タン」。2拍目）。このとき、ひざの角度を110度にすると、筋力を最大効率で使うことができる（P76 写真L）

ジャンプ

踏み切る瞬間のひざの角度は110度
次に足の親指を着いて踏み切る

踏み切る足はまずかかとから着く

タン「タン」。
2拍目の親指で踏み切る

「タン」タン。
1拍目でかかとを着く

高く飛ぶための

半回転して着地

距離感をつかむために、DF役（競らずに立っているだけでよい）を置いて行なう

③　また、踏み切るとき、骨盤（左右の股関節を結んだ線）は進行方向から斜め（写真では斜め左）を向き、肩のライン正面を向くように心がける

④　ヘディングする瞬間は身体が横を向き、最終的には半回転して着地（P77写真N）

多くのサッカー選手は、踏み込み足を「ダーン」と1拍で踏み切ってしまっています。それでは、効率よく筋力を飛び上がる力に変化させられないのです。

1対1に強くなる技術 基礎編7

当たり負けない走り

当たられる瞬間、足を外向きに

第1章で述べた通り、接触プレーで当たられたときに飛ばされず耐えられるかどうかは、体幹の筋力で決まるわけではありません。

サッカーで多いプレーとして、走っているときに横からショルダーチャージを受ける状況があります。このとき、押された力に負けて弾き飛ばされない選手は、体幹が強いわけでなく、当たられたときに足をきちんとした形にする技術を持っているのです。

進行方向に対して足先を正面に向けている状態だと、横からの力に弱く、押されると踏ん張りきれません。それに対し、足先を開いて外側に向けていると強い力で押されても耐えられるのです。

これを体感しながら身につけるため、2人の選手が併走しながら一定間隔でショルダーチャージをし合う練習をします。そして当たるタイミングで、きちんと足先を外側に向ける技術を身につけましょう。

「あのチームは、当たりに行っても全然倒れたりよろけたりしない。どうやらバーベルをかついで走る練習をしているらしいぞ」

昔、私の指導しているチームに対して、冗談半分でそんな噂がひろがったことがありました。もちろん、バーベルをかついだ練習をしていたなんてことはなく、この足先の向きを身につけていたからなのです。

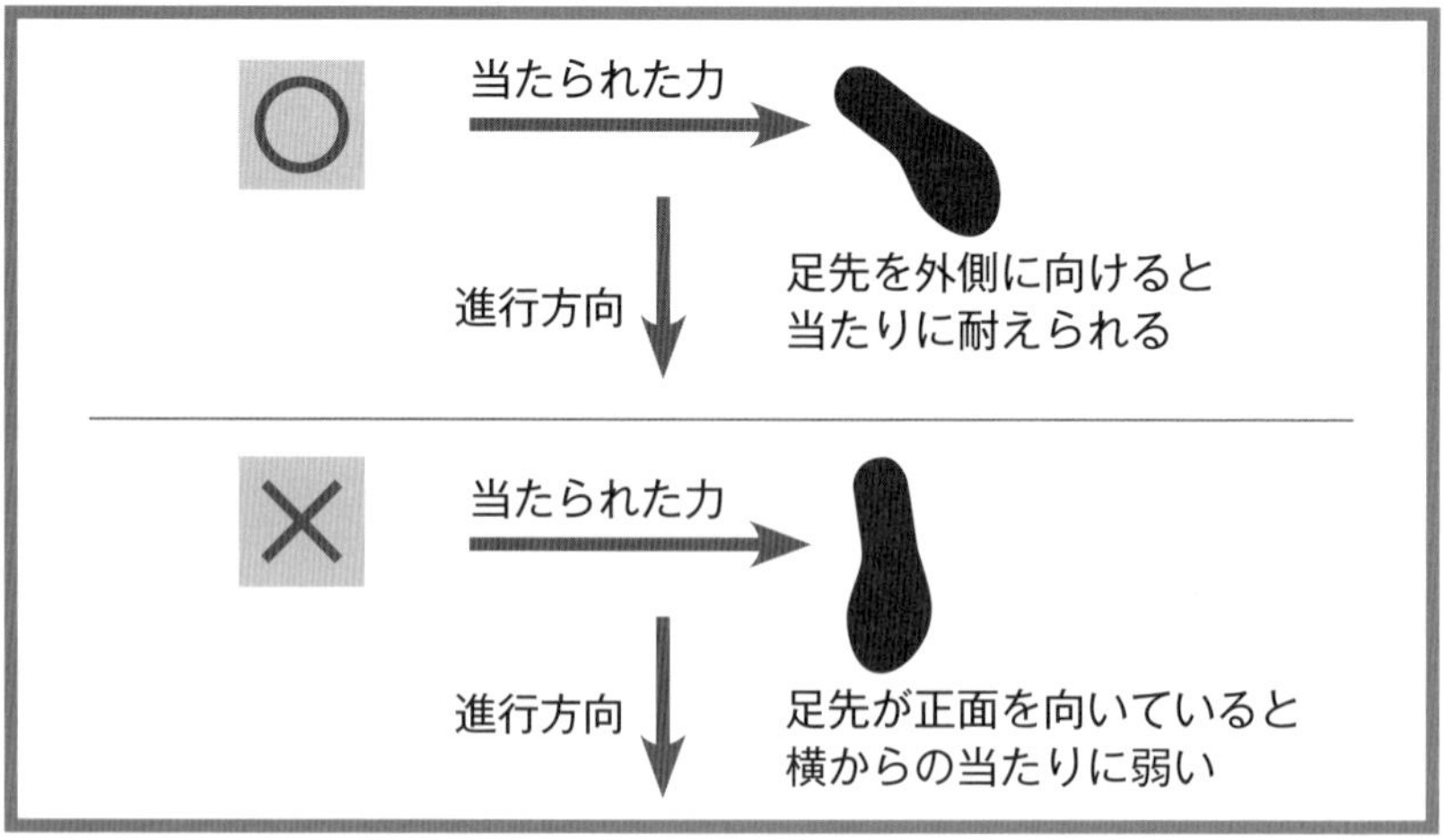
○
当たられた力
進行方向
足先を外側に向けると
当たりに耐えられる
×
当たられた力
進行方向
足先が正面を向いていると
横からの当たりに弱い

当たり負けない走り方の練習法

2人で併走しながら、ショルダーチャージし合う練習

当たる瞬間、足先を外側に向ける

クリスティアーノ・ロナウドの秘密

✓足指着地の大事さ

どうしてあんなにコンスタントに活躍できるのか

サッカーをやっているなら、たいていの人がクリスティアーノ・ロナウド（ユヴェントス／ポルトガル代表）という選手を知っているでしょう。

説明するまでもないと思いますが、ＦＩＦＡ最優秀選手5回受賞、プレミアリーグでもリーガエスパニョーラでも得点王を獲得したストライカーです。では、ロナウドの何がすごいかを考えたことがあるでしょうか。ボールタッチ、走力、ジャンプ力、スタミナ……どれをとってもハイレベルです。それは確かなのですが、飛び抜けてすごいのは、長年にわたりほぼフル出場でその能力を発揮し続けていることです。数字を見ると、18歳でマンチェスター・ユナイテッドに移籍してから15年連続でシーズン40試合出場（クラブと代表の公式戦合計）を達成しています。最近8

シーズンはすべて50試合出場、50得点以上。これは驚異的な成績です（2017－18シーズン終了時点）。

このようにロナウドが大きなケガがなくコンスタントに活躍ができる秘密は、足の使い方――足指着地にあるのです。

彼の動作をよく観察してみると、ボールに触れるようなプレーのときは、必ず足を着くときに足先から下ろしています。そうやって足の先から接地させると、脚や腰への負担が最小限で済むのです。人間の健康な足は、骨がアーチ構造になっていて地面からの衝撃を吸収できるようになっています。遠い祖先の時代、裸足で野山を走り回って狩りをしていた時代から受け継いだ天然のショックアブソーバー機能です。

拇指丘着地でなく足指着地を

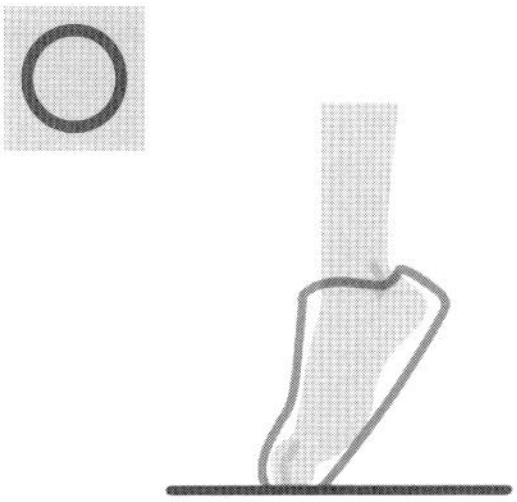
足指着地

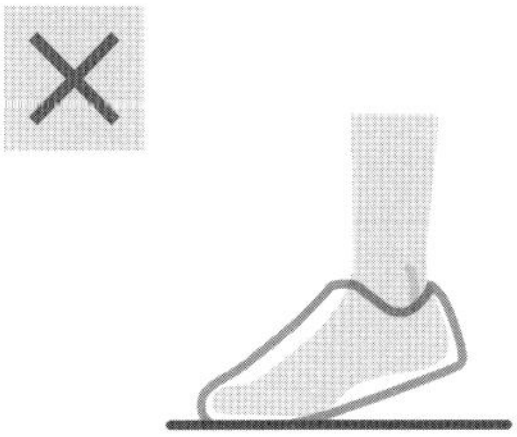
拇指丘着地

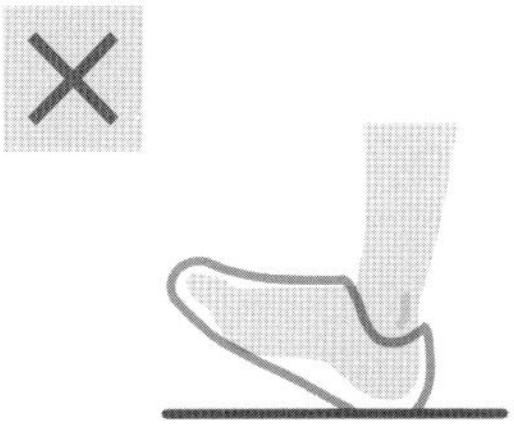
かかと着地

かかと着地は
ひざや腰の故障の原因に

しかし、かかとから着地してしまうとこのショックアブソーバーが働かず、足首（足関節）、そしてひざへダイレクトに衝撃が伝わります。一回ですぐにケガをするような強さではなくても、1試合で1万歩以上、さらに毎日の練習中もずっとダメージを与え続けているのですから、年月がたつにつれて、徐々に痛みが出るのです。サッカーでひざや腰、足首に故障を負うケースの大半は、そうやって関節に負担を蓄積させているためです。

一方、ショックアブソーバーを最大限に働かせている例が、バレエダンサーです。バレエというと、つま先立ちするようなポーズが印象的ですが、あれは硬い床の上で跳んだりはねたりする上で理にかなった動作なのです。バレエの専門書などでも、衝撃を緩和する足の使い方としてつま先から足を下ろすように書かれています。

ひとつ気をつけてほしいのは、足先で着地するといっても、身体に良いのは「足指着地」であって「拇指丘着地」ではないことです。拇指丘とは、足の裏の親指の付け根、丸くふくらんだ部分です。拇指丘着地は、衝撃を吸収することができず足首やひざへの負担となるだけでなく、足のアーチをなくすようなクセをつけてしまいます。

実は、最近の若者や子どもの足は、日常から足指が上に反って拇指丘着地になっているケースが多く見られます。指が浮いていて、裸足の足跡に一部の指の跡が現れないような状態です。これは長年のクセ・習慣で足が変形してしまい、足が退化しているといっていいでしょう。そんな足で走ったり跳んだりを繰り返したら、自らケガの元を作っているようなものです。

足指立ちが故障の少ない選手への第一歩

足指立ちで歩けるように練習をする

足指立ちが身につくと試合中のスタミナも変わってくる

ケガのない競技生活を送るためにも、足指着地を実践しましょう。

そのためにも足指立ちを身につけてほしいのです。練習法としては、足首をしっかり伸ばし、足指を下に向けて立つのですが、いきなり全体重をかけるとケガをしますから、最初は手すりのようなものにつかまったり、2人1組で手を支えたりしながら立つ練習をします。立てるようになったら、次は、足指立ちのまま歩けるように。さらに、足指立ちでその場ジャンプをして、足指で着地できるようになるのが理想です。

プレー中にきちんと足を指から下ろす動作が身につけば、長期的なケガの防止だけでなく、効率の良い足の使い方になり、1試合の中での疲労の蓄積具合も変わってきます。

試合開始当初は互角だった1対1の走り合いが後半になると差が出てくるケースというのは、身体の構造に沿った効率的な動かし方が身についているかどうかの差であることも多いのです。

第3章

1対1に強くなる技術

応用編

1対1に強くなる技術　応用編1

狙い通りに飛ばすシュート

骨盤を正面に向けるからシュートが入らない

ゴール前わずか5～6メートル、うまい具合に相手ディフェンダーのマークもブロックもないフリーの状態。そんな絶好のチャンスでシュートを打ったのに、ゴールマウスを大きく外してしまう――。

毎試合、あるいは毎日の練習で頻繁に見かける場面です。自分自身でそういう体験のある選手も少なくないと思います。なぜ、シュートが枠に飛ばないのか。それはキックに向かう身体の角度が悪いからです。

多くの選手は、骨盤をゴール正面に向けて（左右の股関節を結んだ線がゴールラインと平行に近い状態で）ボールに向かい、インステップキックでシュートを打とうとします。そうすると、足の関節や骨格の構造上、正面の狙った場所へ正確に蹴ることが難しいのです。シュートを打つ場面は、ゴールに向かって走り込んだ後ということが多いですから、身体全体がゴール方向を向いていて、たいていは骨盤もゴールと正対しています。その向きのまま、インステップキックで打ってしまうからシュートが入らないのです。

蹴る前に方向を決め、軸足の位置を変える

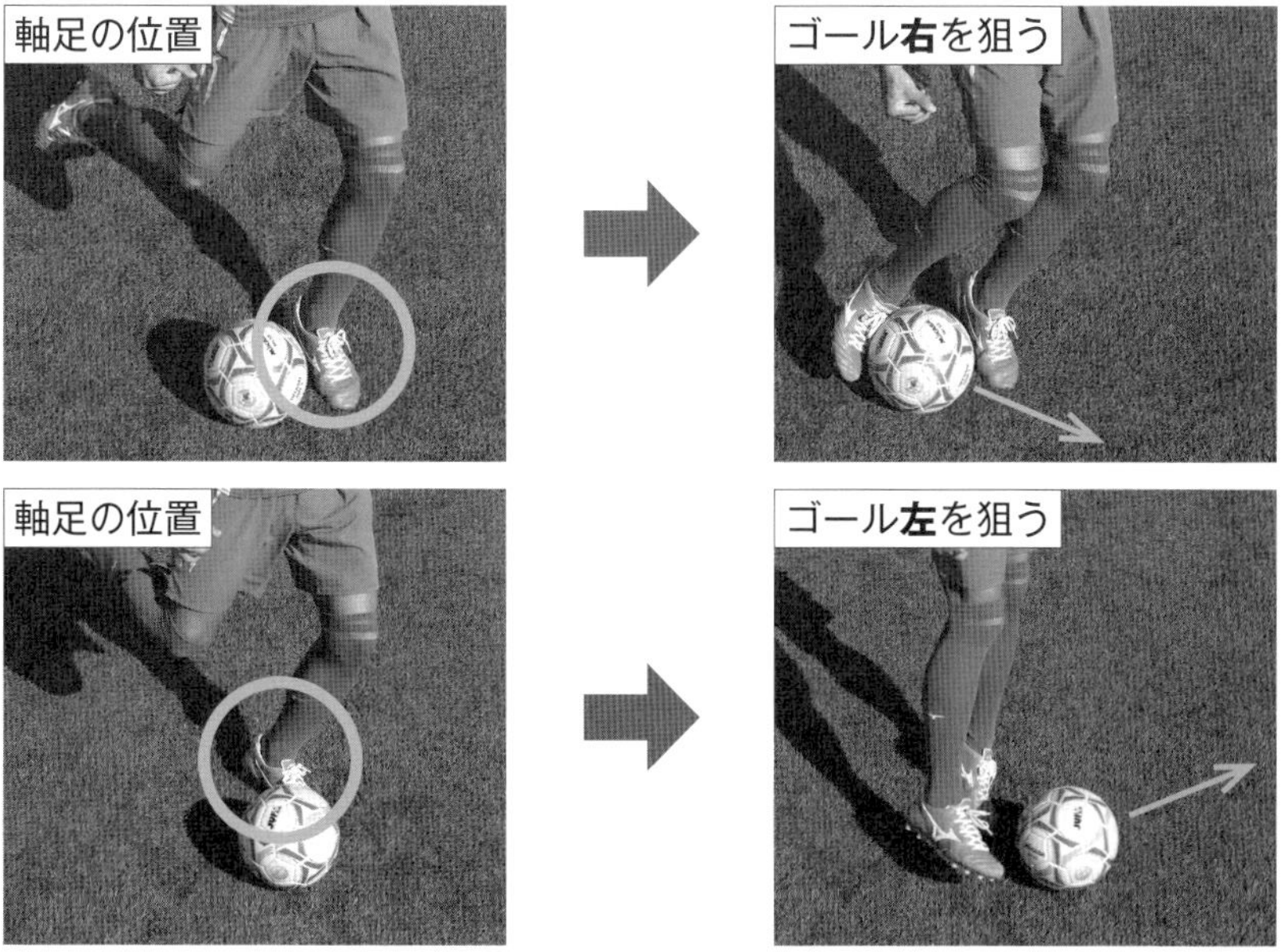

○ 骨盤を残すシュート

①
アプローチ時
骨盤がゴールに
正対しない意識
で

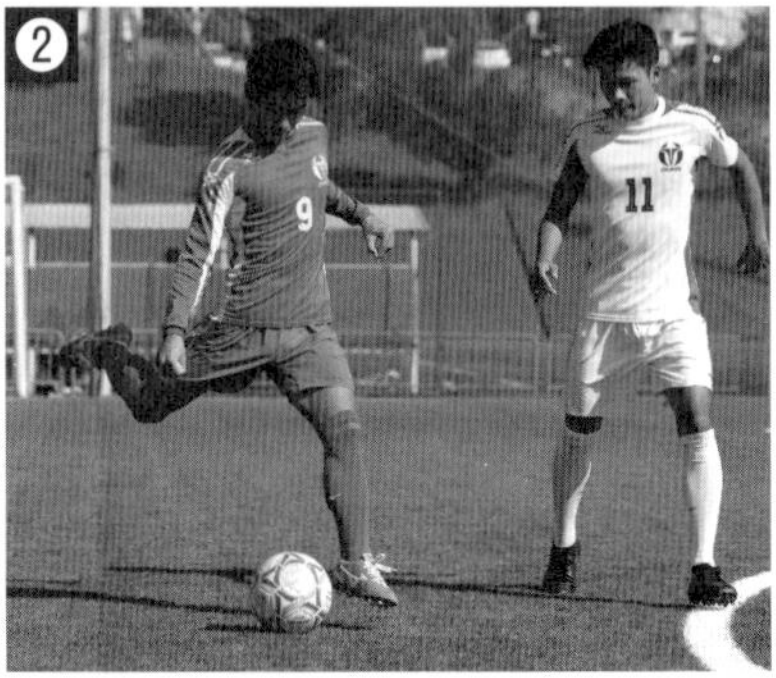
②

③

④
骨盤の右側（右股
関節）ができるだ
け正面に向かない
ように蹴る（＝骨
盤を残す）

⑤

ゴール方向
骨盤を正面に向け
ずにキック

✕ 骨盤が正面を向くシュート

①
アプローチから
骨盤がゴールに
正対気味

②

③

④
早い段階で
骨盤が正面
を向いてし
まう

⑤

蹴る前から骨盤
が正面を向いて
しまっている

練習で2人1組のインサイドキックでのパス交換をやると、みんな、来るボールに骨盤を正対（左右の股関節を結んだ線がパスの軌道と直角になる）させてキックをします。インサイドなら、それでいいのです。次に、「正面から来たパスをシュート」と指示すると、ほとんどの選手がインサイドのときと同じようにボールに骨盤を正対させた体勢でインステップキックをしてしまいます。それでは、ボールがゴールへ飛ぶ確率は低くなります。シュートは枠に飛ばなければ得点の可能性はゼロですから、それならインサイドで蹴れという話になります。

必ずコースを意識し「骨盤残し」で蹴る

インステップのシュートを狙ったところに飛ばすには、骨盤をできるだけゴール正面に向けないのがコツです。私たちは「骨盤を残す」という表現を使っています。

右利きの選手が左サイドからドリブルで中へ持ち込み、遠目から右足で思い切り良く打つと、強く正確なシュートになることがあります。あれは骨盤がゴールに向かって縦、あるいは斜め（右の股関節の方が左の股関節よりもゴールに遠い状態）

になっているから良いボールになるのです。

正確なシュートを打つためには、

①ゴールマウスの右を狙うか左を狙うかを決める
②それに合わせた位置に踏み込む
③骨盤をできるだけゴール正面に向けない（骨盤を残す）ことを意識しながら蹴り足を振る
④大きく振り抜きすぎない

という4つポイントを意識してキックします。

練習時から心がけてほしいのが、必ず、打つ前にゴールの右サイドを狙うのか、左サイドを狙うのかを決めてから蹴ることです。どちらの方向を狙うかで、キック時の身体の角度、軸足の位置が変わってきます。軸足を着く細かい位置は、各自の好みそれぞれでいいのです。ただ、右を狙うときはボールに対してこの位置、左を狙うときはここと身体に覚えさせ、軸足の位置さえ決定すれば下を向いていても横を向いていても同じ方向へ蹴れるようにするのが大事です。

転がってきたボールをただボカーンと蹴って、「入ればどこでもいい」というシュート練習では、何本蹴っても進歩はありません。

1対1に強くなる技術 応用編2

抜け出して決めるシュート

「スネ残し」でシュート精度を出す

前項で説明した「骨盤残し」のシュートは、主に相手ディフェンダーやゴールキーパーが前方にいるとき、空いたコースを狙って打つ強いシュートです。

そのほかのシュートタイミングを考えると、抜け出してディフェンダーに背後から追いつかれる直前に狙うシュート、または、並走を振り切って一瞬前に出たところで打つシュートがあります。

そういう状況では、前項の「骨盤残し」でキックするためには減速が必要になり、ディフェンダーに追いつかれてしまいます。そのため、骨盤を正面に向けた体勢からの精度の高いシュートも身につけておく必要があります。

骨盤を正面にしてシュートを打つと枠に飛ばないのは、人体の構造上、足を振る軌道と狙ったコースにズレが生じるためです。インステップキックを強く蹴ろうと足を振り抜くと、足の軌道は斜めになり、骨盤を回転させる力も働くため、正確に正面方向に蹴ることが難しくなります。

つまり、足を振りすぎないシュートを身につけることが必要なのです。蹴り足のスネを振り切らずに残すイメージから、私たちのチームではこれを「スネ残し」のシュートと呼んでいます。

一瞬、DFの前に出た
タイミングで
シュートを打ちたい

走っているため
骨盤はゴール正面に
向いている

スネ残しで高精度シュート

①

②

③

④
骨盤を
大きく
回さない
蹴り足のスネをこの位置で残す（保つ）
イメージ

⑤
空中のスネを
中心に身体が
回るフォロー
スルーが理想
的

⑥

骨盤・軸足はできるだけ動かさず蹴り足だけを振る

スポーツで精度の高い動きをするためには、身体のどこかを固定し、その上で別の部分を動かすことが必要になります。シュートを正確に打つため、軸足と骨盤はできるだけ動かさず、蹴り足だけを振ればいいわけです。

そのためのイメージが蹴り足の「スネ残し」なのです。

決まるシュートを打つためには、ただなんとなく打つのではなく、こういう状況だから、この蹴り方で蹴るという状況判断が大事です。前項で紹介した「骨盤残し」シュートと、この「スネ残し」シュート。試合で使う状況をイメージしながら練習してみましょう。

1対1に強くなる技術 応用編3

並走の競り合いに勝つ

2回のタッチで相手を後方に置き去る

ここでは、相手ディフェンダーが横から寄せてきたときに1対1で競り勝てる技術を紹介します。

主に、ライン際にボールを持って攻め上がったり、サイドでパスを受けて前を向き、最後の勝負を仕掛ける場面です。横から1対1で寄せられると、すぐにディフェンダーに身体を入れられてしまったり、ボールを取られないまでも圧力に負けて後ろを向いてバックパスを選択してしまったりと、仕掛けに自信を持てない選手は少なくないと思います。

並走で腕を入れられて競り負ける

DFの押す力

×
相手の力とケンカして
押し戻したり押し下げようとしても
競り勝てない

２回タッチでDFを置き去りに

タッチ１
DFの腕を自分の左後方へ
引き込むように押す

タッチ２
右手で相手の肩を軽く押す

相手の力を利用する

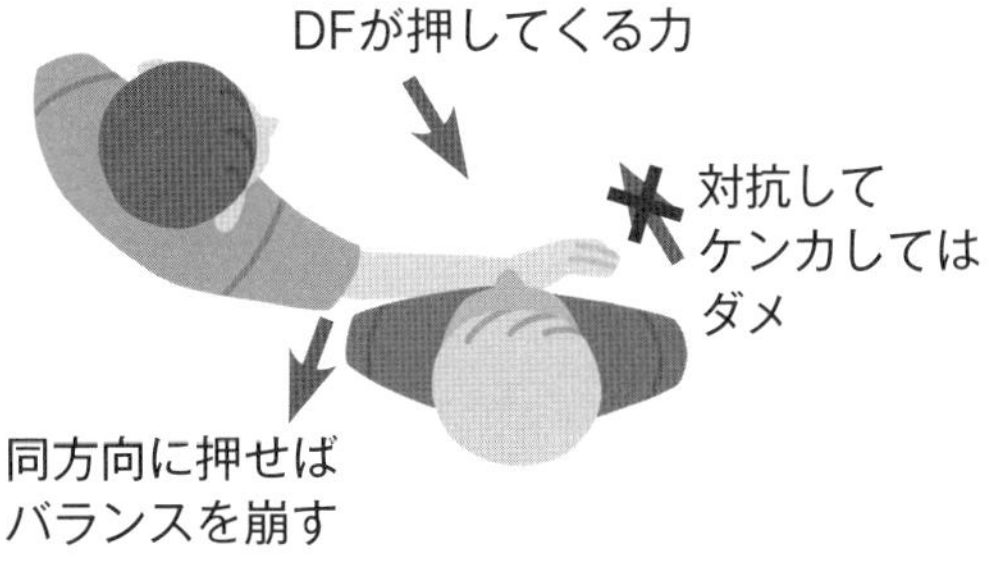
DFが押してくる力
対抗して
ケンカしては
ダメ
同方向に押せば
バランスを崩す

押し負けてボールを奪われてしまう、あるいは素早くボールに飛び込まれてしまうのは、フィジカルで負けているから仕方ないのか――。もちろんそんなことはありません。第2章で「当たりの強さは体幹等の筋力ではなく技術なのだ」と述べたように、1対1のコンタクトもまた、身体の使い方という技術を身につけているかどうかの差なのです。

代表的な例で説明していきましょう。右ライン際でドリブルをしていると、左側を並走するディフェンダーが身体の前に腕を入れてきます（P99）。多くの選手は、ここで自分の左腕を使い、その腕を押し返すか振り払おうとするでしょう。

しかし、相手が寄せてきたこの場面は、ピンチではなくチャンスなのです。相手が押す力とケンカしてはいけません。相手の力を逆手に取るのです。

①　左手で相手の腕を自分の左後ろ方向へ引っ張り込む（写真c）
②　ディフェンダーは、力を入れている同方向へさらに押されるため、バランスを崩す
③　すかさず、右手でディフェンダーの肩を軽く押す（写真d）
④　相手の動きが止まるので、一気に前へボールを持ち出す

「２回タッチ」でDFを置き去りに

DFの腕を左後方に押す（タッチ１）

右手で相手の肩を押す（タッチ２）

相手の動きを止め、加速で置き去りに

DFを置き去りにして前に出ることができる

これでディフェンダーを完全に置き去ることができます。コツは、相手の腕を左後ろへ押し込むこと（1回目のタッチ）と右手で相手の肩を押す（2回目のタッチ）、相手が腕を入れてきたら、この2回のタッチをポンポンとリズム良くやって加速態勢に入ることです。

接触プレーで
ピンチをチャンスに変える

サッカーの1対1を競り勝つのに、必ずしも全速力の走り合いや全力の押し合いをやる必要はありません。なんとかしてボールと自分の身体より後方に相手を追いやることができれば、十分に次のプレーのスペースと時間が生まれます。相手の力をうまく使う技術で、スピードやパワーに頼らずとも接触プレーに勝つことができるのです。

同じように、サイドアタックなど並走時に使える接触プレーのテクニックを紹介しておきます。

●「ひじ合わせ」 相手のひじと自分のひじを合わせ、後ろに振ることで、前を取る

「ひじ合わせ」でDFの前に出る

DFが入れてきた腕に
自分から腕を重ねる

ひじ（の後方）を相手のひじに合わせる

自分と相手のひじを後方に押し下げ
つつ、肩を相手の前に入れていく

相手は前進できず
前を取ることができる

「90度ブロック」で機先を制す

DFが腕を入れてきそうになったら、左ひじで90度を作る

ひじで相手の腕をブロックすると同時に、足を相手のスネの前に入れる

スネをブロックされた相手は推進力が落ち、前を取ることができる

「ボール隠し→カットイン」

一旦、背中を向けてDFから
ボールを隠す

骨盤を相手の腰に接触させると、
相手はボールに足が出せなくなる

腰を回転軸としてターン

カットイン成功

ことができる

●「90度ブロック」 相手が寄せてくるとき、自分の左手のひじを90度の形にして競り合うと腕を入れられない

●「ボール隠し→カットイン」 サイドからカットインしたいとき、一旦、背を向けてボールを隠し、接触することで動きを制限して置き去りにする

共通しているのは、ディフェンダーが近づいてくるのはピンチではなく、置き去りにするチャンスだということです。練習して得意なものを身につけてください。

1対1に強くなる技術

応用編4

DFを背負うプレーからすり抜け

相手が寄せてくるか離れていくか止まっているか3つのパターンに分類する

攻撃の選手に求められるのが、ディフェンダーを背負って後ろ向きで縦パスをもらう技術です。

がんばって背中で相手を抑えていても、ぐいぐい押されてボールを取られてしまう。そういう選手は、サッカーという競技で縦パスをもらうというプレーそのものを、もう一度整理して考え直した方がいいかもしれません。

自陣方向を向いてディフェンダーを背負い、足下に来た縦パスをトラップしてボールを収め、また味方に展開する。それだけがベストプレーだと思いすぎてはい

相手が寄せてくる→「見えない部分」を触ってすり抜け

パスを見てすり抜ける方向を決める

相手の「見えない部分」（この場合は右腰）を触る

ボールは止めずに流し、腕を支点に回転するようにすり抜ける

腕と身体で押さえているため
DFはボールにアプローチできない

足で「見えない部分」に触れる

スネでDFのふくらはぎ
（＝見えない部分）に触れる

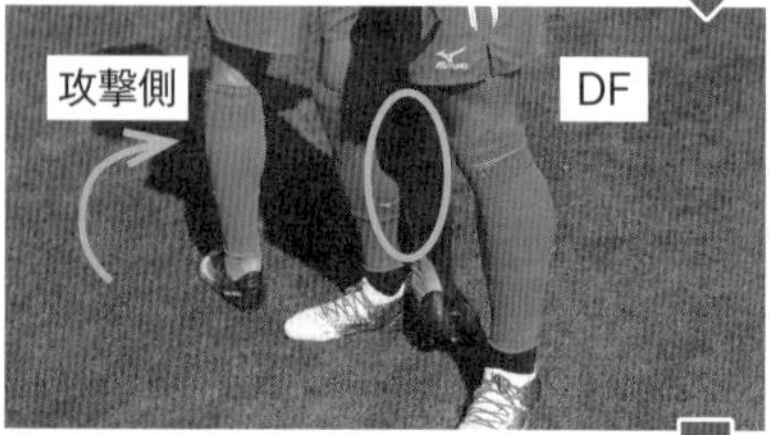

相手ふくらはぎに触れている
部分を軸に身体を反転

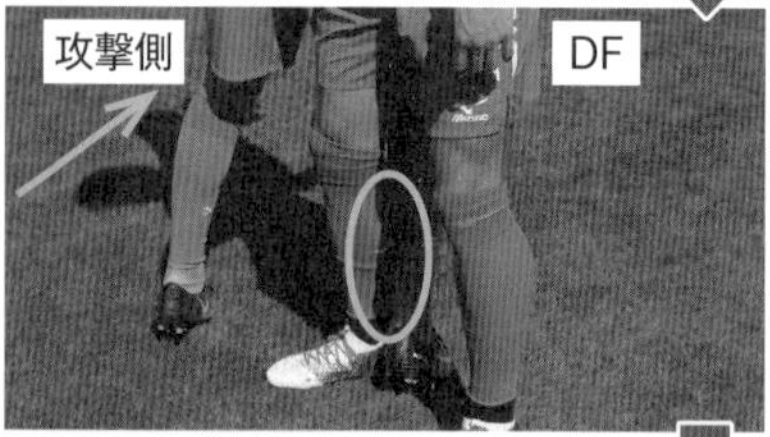

DFは足をブロックされて
素早い反転ができなくなる

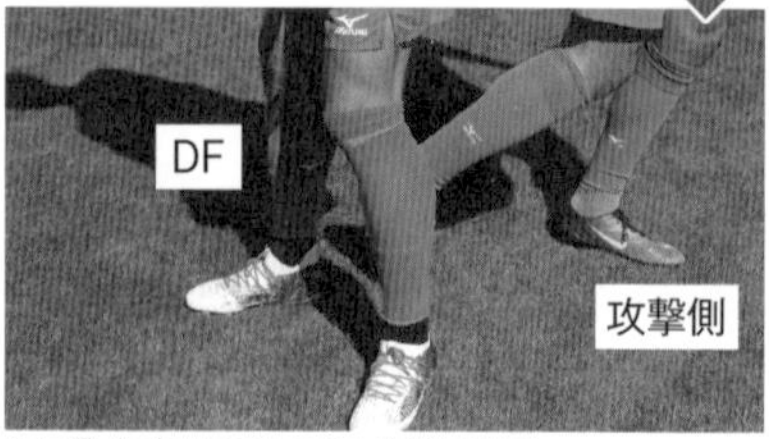

DF置き去りにしてすり抜ける

「見えない部分」のバリエーション

相手の左腰に触れる

ひじで相手の背中に触れる

ないでしょうか。トラップして足下でボールを止めようとすると、片足になる瞬間があり、そのタイミングでディフェンダーにボールを狙われたり押し負けたりすることになります。これは人体と接触プレーの力学上、仕方のないことです。

ではどうするか。考え方を変え、縦パスのボールをトラップせずに流し、背負ったディフェンダーと入れ違って抜け出すというプレーを中心にすればいいのです。

相手がパワーで後ろからぐいぐい押してきている……、それこそがディフェンダーをすり抜けて入れ違う一番のチャンスなのです。

すり抜けを狙うには、まずディフェンダーの動きを次の3パターンに分類し、それぞれに適した技術を使います。

●ディフェンダーが自分に寄せてくる（向かってくる）とき
●ディフェンダーが下がっていくとき
●ディフェンダーが動かないとき

相手が引く→「見える部分」を触る

左手で相手の「見える部分」に触れる

DFは、下がりながらカットを
狙っている

左手を支点にして腕と身体を回すように
にすり抜ける

腕のブロックで
DFはボールに接近できない

相手に並走されずに
抜け出すことができる

相手が動かない→正中線を押す

DF が寄せるでもなく
引くでもなく動かない

足をDFの足の間に差し入れる

その状態から押すと相手が動く

相手が押し返してきたら
「見えない部分」（左腰など）に
触れてすり抜ける

寄せてくる相手の「見えない部分」を触ってすり抜ける

まず、ディフェンダーが自分に寄せてきているときのすり抜け方です。

①　相手を背負う体勢ですり抜ける方向を決め、相手の身体の「見えない部分」（連続写真では相手の右腰）を触る（P109　写真h）

②　ボールが来たタイミングで、自分の腕を支点とするように身体を回し、ディフェンダーと入れ違う（P109　写真i）

③　相手は急反転できず、追ってこれない（P109　写真k）

これは言わば、てこと滑車の原理なのです。力を入力した部分では小さな力でも、腕や上体がてこや滑車の働きをして大きな力となって相手を押さえ、すり抜ける回転力、加速力にもなっていきます。

ここで、①の「見えない部分を触る」というのが少しわかりにくいかもしれません。連続写真では相手の右腰ですが、相手の当たり方や体勢によって左の腰だったり、ひじで相手の背中に触り、そこを支点にすり抜けるパターンもあります。

さらに、必ず手で触れなくてはいけないわけでもありません。応用例としては、自分の足を相手のふくらはぎに触れ、そこを支点として入れ違う方法もあります（P110）。

相手が下がるときは「見える部分」に触れる

次は、相手が向かって来ず、こちらが前進すると下がる場合のすり抜け方です。

①すり抜けたい方向と逆側の手でディフェンダーの見える部分（身体の前面側。連続写真では左上腕部）を触る（P112 写真l）

②触れた部分を支点として身体を回転させてすり抜け（P112 写真n）

③斜め前方へ加速する（P112 写真p）

ボールを持っていないのに、こちらが前進するとマークのディフェンダーが下がっていく状態というのは、一度、並走気味にしてからのインターセプトやカットを狙われているのです。ですから、相手がすぐに並走して寄せてくることができないよう、距離を作る必要があります。

相手の見える部分（身体の前面）に触れ、そこを支点にすり抜けることで、ディフェンダーはその腕にブロックされて並走に入ることができなくなります。

動かない相手は正中線を攻める

ディフェンダーがこちらに寄せてくるでもなく、下がるでもなく、その場で動かないこともあります。

そういうときは、一度、相手を動かしてやる必要があります。ところが、動かずに構えている相手というのは意外にやっかいで、手で押したり引いたりしてもなかなか動かすことができません。

そういうときは、正中線を攻めるのです。正中線とは、頭のてっぺん、眉間、鼻、股間と、人体の真ん中を縦に通る線のことです。この正中線を押してやることによって、動かない相手を動かすことができます。

多くの場合、正中線を押して相手を少し後方へ動かす（P113写真ｓ・ｔ）と、相手は下がるまいと押し返してきます。そうしたら、１番目に紹介した「相手が寄せてくる場合のすり抜け」ですから、「見えない部分」を触ってすり抜ければよいのです。

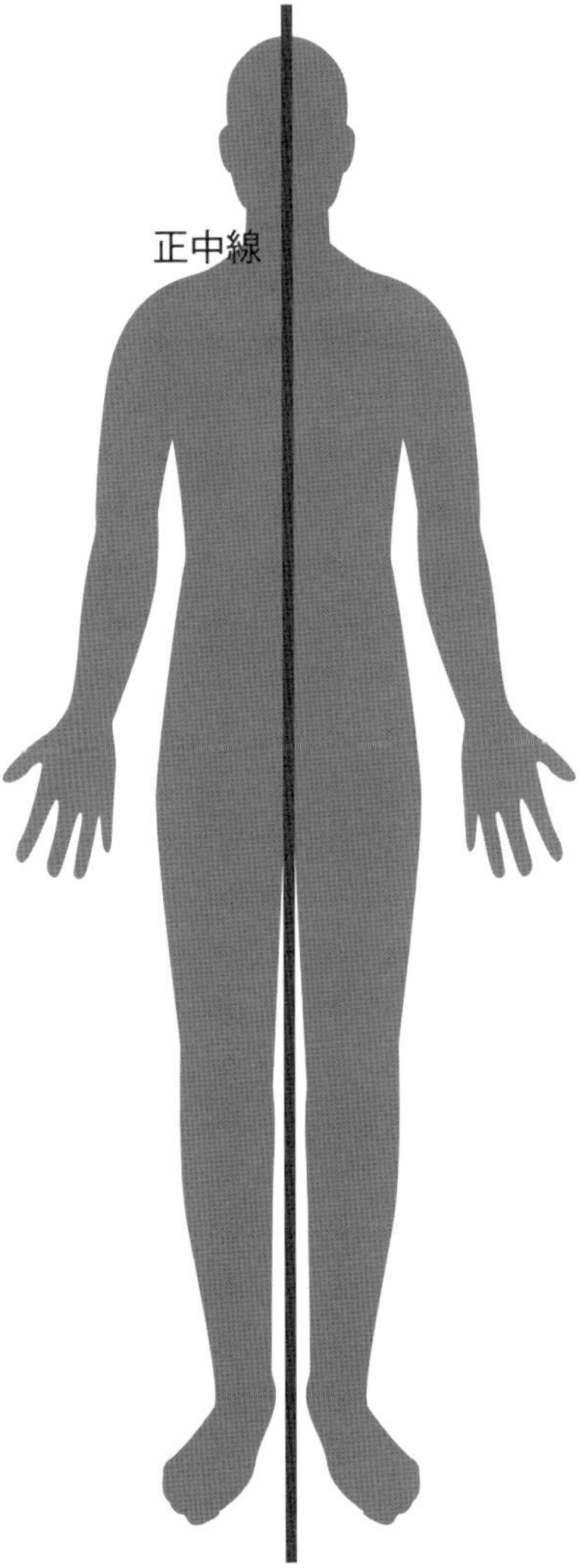

1対1に強くなる技術　応用編5

サイド守備はゴールに背を向けない

横向きディフェンスでインターセプト

ペナルティエリア外側、左サイド（守備側から見て）の守備をイメージしてください。

相手のアタッカーがドリブルで縦に仕掛けてきました。ディフェンダーはどんな体勢・ポジションで対応するべきでしょうか。ほとんどの人が次ページの上の写真を正解と考えるのではないでしょうか。

しかし、私たちの研究では、下の写真のようにゴールに背を向けず、身体の側面をボールに向けるように対応した方が、相手の動きに反応しやすく、よりボールを

✕ ゴールに背を向けて対応

○ 半身での対応

横向きディフェンスでボールを奪う

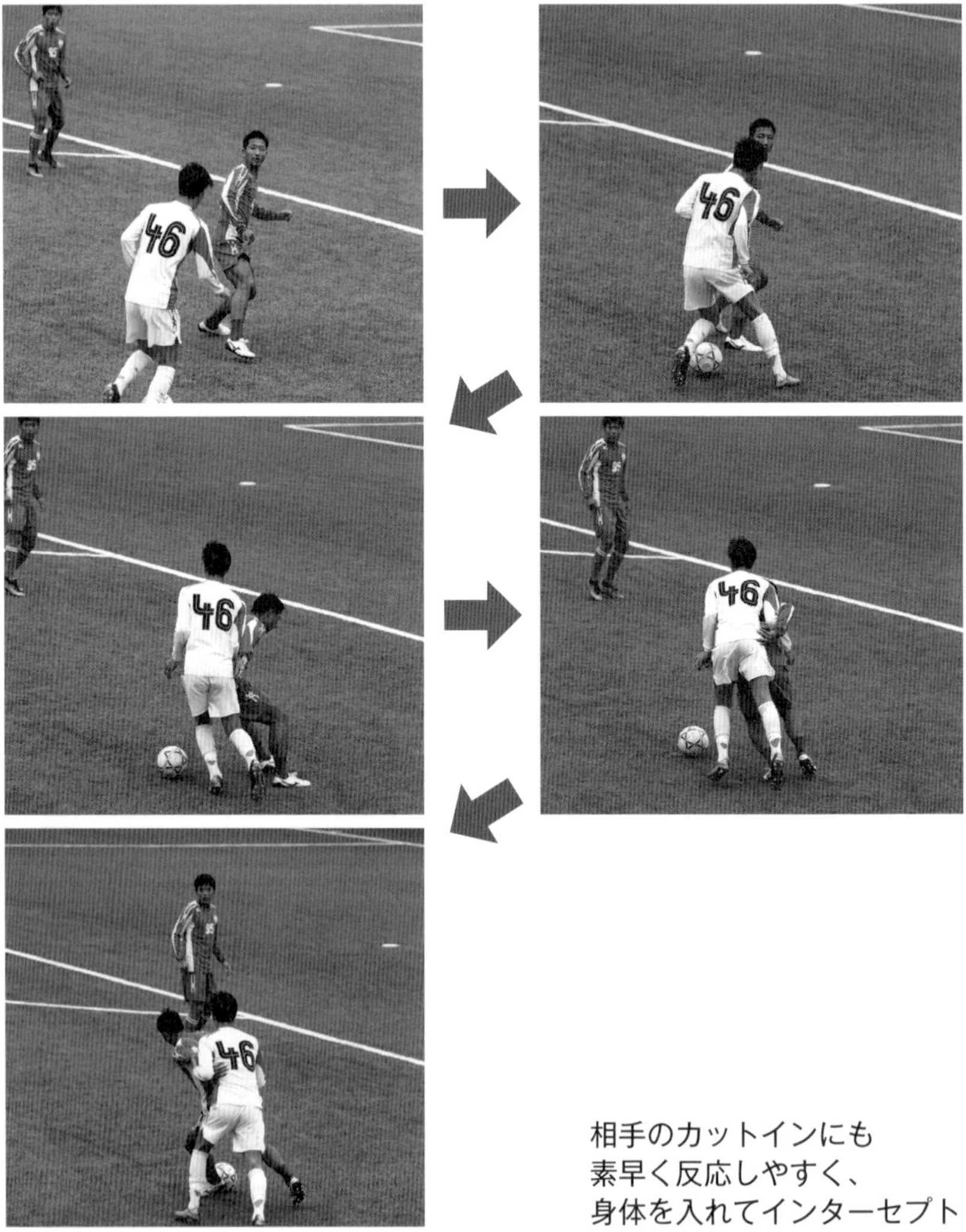

相手のカットインにも
素早く反応しやすく、
身体を入れてインターセプト

横向きディフェンスで縦突破へ対応

縦突破で大きくボールを出されたらカバー役が対応する

奪えることがわかりました。

ディフェンスは場所によって目的が違います。ゴール正面15mの位置だったら、ボールとゴールの間に入り、シュートコースを消すことが主目的になるでしょう。でも、サイドだったりゴールを離れた位置だったら、同じ守備をする必要はないのです。

ピッチのどの位置でも、とりあえずゴールに背を向けてボールとゴールの間にポジショニングすることが守備のセオリーだと思っている人が多いのは、ゾーンディフェンスの常識が染みつきすぎているのでしょうか。サイドでの守備は、いかにボールを奪って攻撃に切り替えるかを考えるべきです。

そのために考えられたのが、この横向きディフェンスです。この身体の角度の方が1対1に強く、相手のカットインにも縦突破にも対応できます。

１対１に強くなる技術　応用編６

ゴールキーパーは反応力で勝負

構えたとき
足は平行にせず、片足を前に

良いゴールキーパーとは、反応力の高い選手です。反応する力というと、反射神経のような0コンマ何秒の能力を思い浮かべるかもしれませんが、もう少しスケールを広げて考えましょう。例えば、左側に飛んでくることを予想していたシュートがディフェンダーに当たってコースが変わった。または、ドリブルしてきた相手選手と1対1になり、あたかも右サイドに打つようなシュートフェイントを入れられた。ひとつの状況に反応してしまったけれど、別のプレーに変えなければいけないという局面もよくあるものです。

基本の構え

シュートフェイントに引っかかって、全力で横っ飛びしてしまったら、それでもう失点です。反応してもすぐまた別の反応ができたり、できるだけ最後まで反応の余地を残しておける選手が、良いキーパーというわけです。

反応力の高いキーパーになるための基礎として、まずゴールを水平方向に3分割し、ステップして処理するエリアと、飛び付かなければいけないエリアをきちんと意識付けます。

基本の構えは、片足を少し前に出します。両足を平行にするのは有利ではありません。ゴールキーパーのテクニックにプレジャンプといって、シュートのタイミング合わせで小さくジャンプする方法がありますが、あれは両足が揃ってしまうので、私の指導する選手にはやらせていません。

理想を言えば、片足を前に出した形をベースに、サンバのように細かいステップを踏んでほしいのです。予備動作といって、足を動かしていた方が次の動作に早く移れるからです。

ステップしてボールを処理するエリアでは、頭や上体からボールに飛び込むのは厳禁。必ず足から先に運び、頭が身体の幅から外側に出ないようにします。そうすることで、反対方向への移動も素早くできます。

ジャンプのひざの角度は110度

ゴールキーパーである以上、ボールに飛び付かなければならない局面もあります。そのときに気をつけるポイントは、踏み切るとき、ひざの角度を110度に曲げることです。第2章でフィールドプレーヤーのジャンプについても説明しましたが、人間の身体の構造上、跳躍で一番強い力を生み出せるのがこの角度なのです。

基本のステップ

基本の構えは
片足を少し前へ出す

頭からボールに
向かわない。
足を先に運ぶ

足がこの形なら、再び
逆方向にも反応できる

高いボールも低いボールも同じ足の形で処理。
頭を身体の幅の外側に出さないことですぐ逆方向へ動ける

ジャンプの時、ひざの角度は110度

110度

先入観を捨てろ自分に集中しろ

林卓人（サンフレッチェ広島）

痛みによって夜も眠れず、普通の生活を送ることすら難しい状況だった林卓人は、夏嶋隆の治療によって回復のきっかけをつかみ、2015年・2018年の両年で公式戦3度のPK阻止という偉業を成し遂げた。J屈指のセーブ王たる林に「1対1」を語ってもらった。

劇的な回復

――最初に夏嶋先生のもとを訪れたのは？

あれは2005年だったと思います。僕がコンサドーレ札幌（以下、札幌）でプレーしていたときですね。腰の治療のため、当時のマネジャーさんに紹介されたことがきっかけです。

――腰痛の発症そのものも、その時ですか？

いいえ、それは広島時代（2001年～2004年まで在籍）から。

――ヘルニアですか？

はい。

――若いときから、腰痛は林選手の大敵でしたね。アテネ五輪最終予選ではレギュラーとしてプレーしながら、本戦では予備登録となって本戦出場が叶わなかったのも、腰痛が主たる要因でした。

とにかく酷い状況で、最初に手術したときは足が麻痺していた。強い痛みのために夜も眠れない。痛み止めも効かないから、普通の生活を送ることも難しくなってしまったんです。手術をしても、身体の使い方がいままでのままだったから、肉体に対する負担もそのまま変わらない。結局のところ、ヘルニアを再発しやすくなる。自分自身の身体の使い方に問題を抱えていたんです。

――若いときから豪快なキックのフォームが特長だった林選手ですが、そのフォームの影響もあったのでしょうか。腰の回転を利用することでパワフルなロングキックが生み出されるわけですが。

そうかもしれません。正しい蹴り方ができていなかったから、腰に負担がきたことは十分に考えられます。身体を機能的に使えていないから、僕の場合は腰に大きな負担がきた。肉体が腰に代償を求めるムーブメントパターンだったんです。（肉体の機能不全が）どこにくるかは人それぞれで、ひざや股関節にくる人もいるから。

――夏嶋先生のもとでは、どうだったんです？

治療のために先生は一つ一つ、丁寧に説明してくださった。「足の指を曲げる」ということについても、どうしてそういうことが必要なのかを、しっかりと。言われていることは、わかりましたね。

――それにしても、足の指を曲げて、そして立つということは難しい。

まあ、曲げることは最初からそれなりにできたんですが、立つのはさすがに難しかったですね。それでも、コツさえつかめば何とか。ただ、先生が言われていたのは、足の指を曲げて立つということの裏側にあること。大切なのは（肉体の）機能性だし、下半身でいえば足の可動域の重要性だと先生は教えて下さったんです。例えば、股関節に問題を抱えているとお尻の力が抜けていって、そこを腰がカバーしなければいけなくなる。

――そこから腰痛が起きる、と。

サッカー選手にはありがちな故障のようです。

――腰痛は治ったんですか？

はい。腰を触ってもらって本当に楽にしてもらったし、衝撃的に良くなった。正直、すごいと思った。痛みの要因や身体の不具合なども言い

当てられて、納得感がすごくありましたね。「確かにそうだな」と。

身体の使い方への意識

――夏嶋先生の独特な治療というか指導法に違和感はなかったですか?

僕は感じなかったですね。最初に診てもらったときにあれほど痛かった腰が本当に良くなった。その体験が大きかったですね。

――しかし、身体の使い方とか機能性とか、学ぶ機会がほとんどないですよね。

そういうものは子どものときに身につけるべきことなんでしょうけど、実際にはそれがなかなかできていない。本来であれば、(スポーツの基本である身体の使い方を)しっかりと教えてくれる指導者の存在が重要なんでしょうけどね。

実は、夏嶋先生にも蹴り方を教わったんですよ。いまも、先生に言われたことをベースに、新しい情報も取り入れてやっている。先生以外の方のアドバイスを聞くことで、逆に夏嶋先生の意図が理解できることもありますね。

――身体の使い方とか機能性とか、そのあたりについてプロ選手の意識はどうなんでしょうね?

当然、その重要性はプロ入りしてくるような選手はみんな、感じていますよね。ただ、僕らがプロ入りしたときっていうのは、そういう情報が散らかっているというか、整理されていなかった。情報がないというよりもありすぎた状態と言えばいいんでしょうかね。あれもいい、これがいい、それもいいんじゃないか、とか。もう、何でもかんでも提示されているような感じで、だから選手としても、何をどうやっていくべきなのか、そこがわかっていなかった。いまはその情報が整理されていて、正しいあり方が筋道だった形で呈示されている。いまの選手たちは恵まれているなって思いますね。

もちろん、いろんな意見はあるものの、「正しい身体の使い方が必要だ」という源泉は同じ。ただ、身体の使い方が間

違っているとしても、その間違い方が人それぞれで違うわけです。いまはそういうことを見れる人が増えてきたわけですし、それはそれで大きなことだと思います。自分としては、情報を自分の中でうまく整理して、自分の感覚と照らし合わせながら、トレーニングを続けていきたい。

シュートを止めるための判断

――今回の書籍では、サッカー選手の「1対1」について、議論を展開しています。例えば2018年最終節・対札幌戦の後半、広島の右サイドからのクロスに都倉賢選手が飛び出し、PA内での1対1の場面が生まれました。結果として、都倉選手のシュートを林選手が見事にブロックしたシーンは印象的でした。

あのシーンは、都倉選手が外に持ち出すのか、それとも中に入ってくるのかによって、状況が変わってきますよね。入ってきたボールも浮き球だったし、1対1に持ち込まれる前に（佐々木）翔もしっかりと競ってくれていたので、（都倉が）自由にボールをコントロールできていたわけでもない。翔が素晴らしいファーストディフェンスをしてくれていたから、次の状況も見えていました。

僕から見て左サイドから入ってきた都倉選手は左利き。だから、右に持ち出して（左足でシュートを打って）くると思った。なので、ボールを離したその瞬間に距離を詰められると感じたんです。あとは自分の身体を開かないようにしていけば、（シュートを）身体に当てられる距離に入れると思ったので、前に出てポジションをとるという決断に至りました。まあ、（狙い通りに）シュートを身体に当てることができて、良かったです。

——なるほど。

もし都倉選手が中ではなく外側に持ち出したとしてもシュートの角度が難しくなるだけだし、翔もいい判断をしてくれている。切り返そうとして足下にボールを収めれば、自分にも（距離を詰める）チャンスがくる。特別に難しい対応を求められたとは思っていません。ただ、守備陣と協力して守ることはできましたね。

——1対1の守備といっても、場面によって千差万別ですからね。

そうですね。ストライカーとの間の距離が長いのか短いのか。ボールの移動中に相手に寄せられるタイミングはあるのか。相手がボールを離したときが、ＧＫにとっての大きなチャンス。ただ、相手がゴールに向けて一直線のコースをとっているのか、外に持ち出していくのかによっても、判断は変わってきます。相手との距離を詰めてシュートコースを限定するのか、それともステイした方がいいのか。一直線に（相手が）来てくれるのなら、ボールを離したその瞬間にどれだけ距離を詰められるかが大きなポイントになるけれど、そういうときも相手のボールタッチのリズムが長いのか、短いのか。それによっても距離を詰めるタイミングが変わる。距離が近くなりすぎても難しいし、遠すぎると（シュート）コースが空きすぎる。さまざまな判断が求められる中で、自分にとって最もシュートを防ぎやすいコースに持って行けるか。それが重要だと思います。

先入観は必要ない

――久保竜彦さんに話を聞くと、ＧＫとの１対１は正面からゴールに向かうよりも、角度をつけた方がＦＷとしてはやりやすいと言っていました。

それは間違いないです。正面から一直線に来る形だと身体にシュートを当てやすくなるけれど、少しでも角度をつけられてしまうとポジション半歩分のズレを作られやすいし、一瞬のスキをつかれて逆サイドのゴールネットを揺らされる。でもそこは、ＧＫとしても頭に入れているところですよね。タイミングをズラされないように気を配り、半歩ズラされたとしても重心を崩されないよう、意識しています。しっかりと相手に正対したままポジションを合わせられれば、一直線上の1対1対応と同じ状況になりますからね。ただ、ズラした瞬間にタイミング良くシュートを打ってきたり、予想以上に早くシュートを決断するFWもいますから。大切なのは、こういう状況になるべく持って行かないこと。GKがいいコースに入れば、FWも迷いが生じると思うし、DFも（カバーに）間に合ってくれることもある。駆け引きはそこでも生まれます。

――かつて広島のGKコーチとして数々の名守護神を育ててきた望月一頼氏は「1対1を制するには先入観を持たないことだ」と言っていました。

それはもう、大前提ですね。その上で、いかにいい判断ができるか。ボールを相手が離したその瞬間にどれだけ距離を詰められるか、それともシュートコースに入りながら対応した方がいいのか。それは状況によって変わってくるんだけど、そういうことも含め、一瞬の判断力の精度が求められる。そこで先入観をもって入ってしまうと、違うことをやられたときにノーチャンスになってしまうから。まず常に正しい構えをとり、あらゆる状況に対応する準備を整える。そのためにはまず、自分のプレーに集中することです。それができれば、相手を難しい状況に追い込むこともできる。

――相手のFWのタイプを考えに入れることはどうなんでしょう? 遠くからでも打ってくるとか、さまざまなデータもありますよね。

最低限のことは頭に入っていますが、それにこだわるのも先入観の一つなので、あまり考えないようにしたいですね。

――夏嶋先生からのアドバイスは?

「オレならこうするな」とは言われましたが、なかなか難しかった。簡単ではないですね（苦笑）。

ミスの方を、意識する

――過去に「これは自信になる」とか、想い出となっている1対1のシーンはありますか?

うーん、そういうのはあまり、考えないですね。基本的には、やられたシーンが脳裏にはのこるし、過去を振り返るよりも次に向けてプレーしたい。まあ、昔のことを考えている場合じゃないし、GKというポジションってそういうものじゃないですか。もちろん、冷静に振り返っても自画自賛したくなるシーンはあるけれど、たとえそういうことがあったとしても試合に負けてしまっては意味がない。その敗戦が自分のミスによるものであれば、尚更じゃないですか。とにかくプロのGKにとっては、どれだけ積み重ねていくかが

すべて。昔のことを覚えてはいるけれど、だからどうこうはないですね。

——なるほど。例えば2018年第3節の鹿島アントラーズ戦では前半に決定的なペドロ・ジュニオールとの1対1を止めたり、後半は金崎夢生のPKをストップしたり。1－0で広島が勝利したあの試合でのマン・オブ・ザ・マッチだったと思ったんですけど、林選手はむしろ、試合終了間際の失点に直結しかねないクロス対応のミスを重要視していましたね。

あのシーンをもし決められていたら、勝点を失うことにつながったことは間違いない。僕らは常に結果を問われるわけです。あのシーンは自分のミスであることは言うまでもないし、もし失点していたら記者のみなさんも「林のミス」と書いたはず。ああいう場面を体験して失点しなかったからOKでは済まされないです。そういう試合で他のセーブを褒められても、嬉しくはないですね。

GKというのは、90分間のゲームを安定させることが仕事。もっと言えば、1試合というよりも、1年間を通してプレーを安定させないといけない。もちろん、最優先されるべきはチームの勝利。そのためにもああいうミスは厳禁ですし、だからこそ的確な判断がGKには常に求められる。

たとえ失点していなくても、ミスはミス。言ってしまえば、失点なんてすべてミスが絡んでいるし、GKは自分で点を取ってミスを取り返すことがほとんどできない。といって、ミスからの失点を引きずっていても仕方のないこと。それを自分の糧にして、進むことしかできない。

GKは結果を左右するポジション

――最近はGKが得点に絡むシーンも見受けられます。特にセットプレーなどでGKがゴールしたり、アシストしてみたり。

そういうのは、チームが負けているか、レギュレーションとしてどうしても1点取らないといけないという状況に追い込まれてしまっていることがほとんど。スクランブルですからね。GKとしては1－0で勝利することの方が重要ですから。

――そういうGKとしての「性《さが》」については、どう捉えていますか？例えばストライカーは10本のシュートをミスしても11本目を決めて勝てば称賛される。一方、GKはどれだけのスーパーセーブを重ねても、たった1つのミスで失点して負けてしまえば批判されてしまいます。

まあ、ストライカーが点を取ってくれれば勝利は近くなるし、僕らは守るのが仕事ですから。サッカーって、ストライカーとＧＫの出来がチームの結果に直結する。いいストライカーといいＧＫがいるチームがワールドカップでもリーグでも上位に進出するわけですし、日本サッカーで重要なテーマでもある。だからこそ、常に高い意識を持ち続けないといけない。強いメンタリティが求められるし、タフさも必要。自分自身、もっと上のレベルがあることを知っているし、現状はまだまだ物足りないです。

——あらためて、夏嶋先生とは、林選手にとってどういう存在ですか？

本当に親身になって下さる方ですね。そして、ケガで苦しんでいる自分たちの身体に対して、真摯に取り組んで下さる。こちらの疑問に対して、何時でも応えてくれるし、トレーニングに対しても付き合って頂ける。まあ、身体のことが大好きな方ですよ（笑）。

林卓人プロフィール

1982年8月9日生、大阪府出身。強豪・金光大阪高で注目され高校３年次にはインターハイ出場、セレッソ大阪の強化指定選手にも登録された。01年、サンフレッチェ広島へ加入。翌02年リーグ最終戦で初出場を果たす。05年にコンサドーレ札幌へ移籍して正ＧＫの座をつかみ、ベガルタ仙台を経て広島へ復帰。15年には全試合でゴールを守り、安定したセービングでリーグ制覇に貢献した。Ｊリーグ通算472試合出場（2018シーズン終了時）。01年から年代別代表に選出され、12年、13年には日本代表にも選出（出場はなし）。

おわりに

スピードとパワー以外で勝つサッカーを求めて

動作解析をスポーツ技術向上に活かす

私は、1980年代から「動作解析」という考え方で人体とスポーツについて捉えてきました。

実業団バレーボール部の監督をしていたころ、スポーツにおいてうまくいった動作、あるいは失敗した動作を観察・分析することで、選手のスキルを向上させられると考えたからです。人体の構造、解剖学、運動学、物理学といった視点からそれを評価し、どう身体を動かせば良いパフォーマンスを発揮することができるのか。あるいは、どのような動きが関節や筋肉の負担になり、ケガの原因になるのか。それを見つけて改善策をアスリートにフィードバックする。これが動作解析です。

スポーツにおける動作を部分的に取り出して観測したりする「分析」は、いままでは、いろいろな所で行なわれるようになりました。ただほとんどの場合、それは分析までで終わってしまうのです。その観察・研究を元に、どの部分の動作を具体的にどう直すか。そして、実際の練習の中で選手にそれを身につけさせ結果を出すには、どんな言葉をかけて導けばいいのか。そこまで実行することが「動作解析」なのです。

サッカーでいえば、メッシはどうして相手を抜くことができるのか。クリスティアーノ・ロナウドのシュートはなぜ正確なのか。エンバッペの爆発的な加速力はどこから生まれるのか――。そこから、特有の身体の使い方＝技術を読み取って、学生たちでも練習で身につけられるテクニックに還元する。それが私の役割です。

大体大・坂本監督の理念に共感

このような視点でサッカーを研究するようになったのは、30年くらい前にさかのぼります。大阪体育大学サッカー部監督（現在は関西国際大学教授・サッカー部監督）坂本康博先生との出会いがきっかけでした。

「スピードとパワー以外でサッカーに勝つ方法はないだろうか」

大学スポーツ界はどうしても関東中心で、関西の学校にはなかなか才能豊かな選手やフィジカル面に優れた選手が集まらない傾向がありました。坂本先生は、そういった状況でも選手を鍛え、タレント集団に勝つ方法を真剣に考えていました。

そして、知人から「夏嶋というおもしろい男がいる」と聞いたということで、当時はサッカーのことなど何も知らない私と会うため、そのころ私が拠点としていた佐賀までやって来られたのです。坂本先生の理念に共感し、サッカーにおける動作解析に取り組むことになりました。

それから、サッカーにおける身体の各部の動作を徹底的に研究しました。走るとき、ボールを扱うとき、相手と競っているとき、空中戦のとき……。あらゆる場面の動作を観察し、ここでどのように身体を使えば最も効率的で力を発揮できるのかを調査したのです。

同時に、他の球技や陸上競技、格闘技、武術などさまざまな活動における身体の動かし方も研究しました。さらには、犬や馬、猛獣といった動物の骨格や筋肉、足の動かし方などもずいぶん観察・分析したものです。

おもしろいのは、サッカーとまるで接点がないように思える武術などにも、サッカーに活かせる技術があることです。現代のスポーツ化した武道よりも、それ以前の武術、格闘術、忍術といったものの

の方が真剣勝負だっただけに、接触プレーの技術や身体の使い方を考えるときのヒントになりました。

1対1の技術が日本が世界で戦うための鍵に

そうしてたどり着いたのが、1対1の接触プレーに進歩の余地があるということです。

相手にマークされている状態を振り切ってフリーで抜け出すには、普通なら高度なボールテクニックや並外れたスピードが必要です。それよりも、接触プレーのときに相手を置き去りにすることができれば、そこ

おわりに

でフリーになることができます。そして、接触プレーにおける「技術」は個人に任されていて、チームとして向上に取り組んでいるところはあまり聞きません。だからこそ私は、日本が世界で戦うために鍵になる技術が接触プレーなのではないかと考えています。個人のパワーとスピードで劣っていても、身につけた技術でフィジカルに優る外国人選手を抑えることができる――。

これからプロ、そして日本代表を目指してプレーしている若い選手のみなさんに、過去のセオリーとは異なる新しいサッカーがあることを知ってほしいと考え、本書を作製しました。

ぜひとも明日からの練習で、そして試合のピッチで実践してみてください。

最後に、本書の作製に協力をいただきました、関西国際大学サッカー部・坂本康博監督、大阪体育大学サッカー部選手および関係者の方々に心より感謝を申し上げます。

メディカルトレーナー　夏嶋　隆

協力：大阪体育大学サッカー部

サッカー１対１に勝つ！

2020 年 5 月 30 日　第 1 刷

［著　者］　夏嶋《なつしま》 隆《たかし》

［協　力］　坂本 康博（関西国際大学教授・サッカー部監督）
大阪体育大学サッカー部，サンフレッチェ広島

［ライティング］　内田 智
中野 和也（p.38 ～ 52，p.130 ～ 144）

［編　集］　加藤 敦（株式会社 南雲堂）
井上 華織，池田 博人（株式会社 インサイド）

［撮　影］　村井 詩都，中野 香代（p.38 ～ 52，p.130 ～ 144）

［写　真］　株式会社スタジオ・アウパ（p.43，p.133）

［表紙デザイン］　銀月堂

［本文デザイン・DTP］
有限会社 Y2 デザイン

［発 行 者］　南雲一範

［発 行 所］　株式会社南雲堂
東京都新宿区山吹町 361
ＴＥＬ　03-3268-2311
ＦＡＸ　03-3269-2486
ＵＲＬ　http://www.nanun-do.co.jp/
E-mail　nanundo@post.email.ne.jp

［印 刷 所］　惠友印刷株式会社

［製 本 所］　松村製本所

〈1-595〉

ISBN 978-4-523-26595-5　C0075

Nan'Un-DO

日本サッカー界のレジェンド
ゴン中山（中山雅史）氏 大推薦！

動作解析評論家
夏嶋隆の本！

A5 判／154 ページ
定価（本体 1,400 円＋税）
ISBN978-4-523-26583-2

動作解析研究による、本来人間に備わった効率の良い「身体の動き」をわかりやすく解説。けがの少ない、高レベルなパフォーマンスを維持できるアスリートになるために必要な知識を提示します。毎日スポーツクラブなどで練習に励む子どもをもつ親御さん・未来の日本代表を目指す子どもたちに手にして欲しい一冊です。

南雲堂
〒162-0801　東京都新宿区山吹町 361　E-mail nanundo@post.email.ne.jp
TEL03-3268-2384 FAX03-3260-5425　URL http://www.nanun-do.co.jp/

Milan A.C.
ミランのすべて
〜フォト&ストーリー〜
素晴らしき環境に恵まれ、 サポーターたちに愛され、
そして世界一に辿り着いた勇者たちの真の闘いのヒストリー
南雲堂
あの頃、世界のサッカーはミランにあった

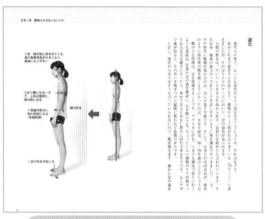

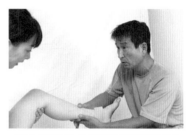

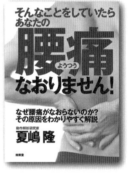

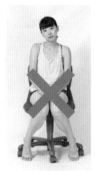

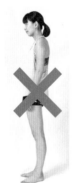